D1522441

LAS 4 FASES
DE LA LUNA ROJA

LAS 4 FASES
DE LA
LUNA ROJA

CÓMO SACAR EL MEJOR PARTIDO A CADA
FASE DE TU CICLO MENSTRUAL

MIRANDA GRAY

Primera edición: junio de 2014
Cuarta reimpresión: enero de 2022

Título original: *The Optimized Woman*
Nueva edición de *Momentos óptimos de la mujer*

Traducción: Nora Steinbrun

Diseño de la cubierta: Rafael Soria

© 2008, Miranda Gray
Publicado originalmente en el Reino Unido por O Books, en 2009

Editado por acuerdo con O Books
(The Bothy, Deershot Lodge, Park Lane, Ropley, Hants, SO24 OBE, RU)

De la presente edición en castellano:
© Distribuciones Alfaomega S.L., Gaia Ediciones, 2010
  Alquimia, 6 - 28933 Móstoles (Madrid) - España
  Tel.: 91 617 08 67
  www.grupogaia.es - E-mail: grupogaia@grupogaia.es

Depósito legal: M. 11.729-2014
I.S.B.N.: 978-84-8445-520-2

Impreso en España por: Artes Gráficas COFÁS, S.A. - Móstoles (Madrid)

ÍNDICE

AGRADECIMIENTOS 9

PRÓLOGO 11

1 ¿POR QUÉ 28 DÍAS? 13

2 CÓMO UTILIZAR ESTE LIBRO 27

3 CONOCE TUS FASES 37

4 SACA PARTIDO AL MOMENTO ÓPTIMO DE LA FASE
CREATIVA 55

5 SACA PARTIDO AL MOMENTO ÓPTIMO DE LA FASE
REFLEXIVA 81

6 SACA PARTIDO AL MOMENTO ÓPTIMO DE LA FASE
DINÁMICA 103

7 SACA PARTIDO AL MOMENTO ÓPTIMO DE LA FASE
EXPRESIVA 123

8 INTRODUCCIÓN AL PLAN DIARIO DE LA MUJER
CÍCLICA 145

9 EL PLAN DIARIO DE LA MUJER CÍCLICA 157

10 EL PLAN YA ESTÁ LISTO. Y AHORA, ¿QUÉ? 253

11 LO QUE LOS HOMBRES TIENEN QUE SABER 265

EPÍLOGO 277

APÉNDICE 1: Cómo crear un Diagrama cíclico detallado . 281

APÉNDICE 2: Información adicional 285

AGRADECIMIENTOS

A mi marido, por apoyarme continuamente en mis múltiples proyectos creativos.

A todos aquellos que he conocido en persona y a través de Internet, por haber apoyado esta obra y contribuido a crearla. Me honra haber contactado con tantas mujeres asombrosas, cuya colaboración y ayuda continua valoro sinceramente.

PRÓLOGO

Basta con hurgar en las estanterías de cualquier librería para comprobar la popularidad que han alcanzado los temas relacionados con el desarrollo individual y el «coaching» (orientación) tanto personal como laboral. Y, por supuesto, disponemos de gran cantidad de cursos y talleres que nos ayudan a transformar nuestra propia persona, nuestra vida y nuestra carrera mediante una planificación de objetivos complementada por una serie de planes de acción y esquemas de motivación. Así que, ¿para qué necesitamos otro libro más sobre cómo cambiar nuestra vida? La respuesta es simple: porque los libros que en la actualidad ofrece el mercado no están específicamente creados para mujeres y no tienen en cuenta lo que nos diferencia de los hombres.

De buena gana compramos libros de autoayuda para cambiar nuestra vida. Nos comprometemos con el método, aplicamos las técnicas a nuestros procesos de pensamiento y actividades, leemos las frases motivadoras y luego descubrimos que dos o tres semanas más tarde hemos perdido ese compromiso y motivación, y el sueño del éxito se diluye.

¿Por qué estos sistemas de desarrollo personal no dan buenos resultados en las mujeres? Porque **nosotras tenemos algo que los hombres no tienen**, y estos esquemas no lo reconocen.

El Plan diario de la Mujer cíclica es una guía de 28 días diseñada específicamente para ayudar a las mujeres a tomar conciencia de sus **Momentos óptimos** y habilidades relacionadas, que podrán aplicar para sentirse satisfechas y motivadas, y alcanzar así el éxito y los objetivos que desean en la vida.

En efecto, al entrar en acción en el momento adecuado y recurrir a nuestras aptitudes y a nuestro talento durante su fase de mayor apogeo conseguimos trabajar con nuestra motivación, creatividad y perspicacia naturales, y provocar cambios radicales en nuestro desarrollo que nos permitirán llevar la vida que en verdad deseamos.

El concepto de este libro es realmente original: se trata de una visión nueva y única que cambiará radicalmente tus ideas sobre ti y tu manera de vivir. Prueba el plan durante 28 días y descubre por ti misma tus talentos y habilidades, aprendiendo de qué modo aplicarlos a las situaciones cotidianas y los proyectos laborales, y a la concreción de objetivos a largo plazo. Este libro cambiará tu percepción de ti misma, aumentará tu seguridad personal y te ayudará a experimentar a esa mujer vibrante, creativa y triunfadora que eres en realidad.

Te sorprenderá comprobar que puedes aplicar a tu vida este método de desarrollo personal mes a mes sin perder el compromiso ni la motivación de hacer realidad tus sueños y alcanzar la satisfacción y el éxito.

MIRANDA GRAY

> «Todos conocemos el refrán que asegura que si deseamos cambiar el mundo primero debemos cambiar nosotros. ¿Pero qué sucede si cambiamos durante el mes? ¿Implica eso que el mundo cambia también? Sí.»
>
> MIRANDA GRAY

Capítulo 1

¿POR QUÉ 28 DÍAS?

¿QUÉ ES LO QUE LAS MUJERES TIENEN Y LOS HOMBRES NO?

¿Y si te dijera que dispones de un tremendo poder? ¿Y si te asegurara que para ti sería muy enriquecedor superar ampliamente tus expectativas cotidianas, aprender a centrarte y aplicar el razonamiento lógico, establecer relaciones más adecuadas, mejorar tu capacidad de resolución de problemas, ofrecer tu visión creativa y pensamiento innovador y, por último, desarrollar una profunda perspicacia y capacidad de comprensión?

¿Y si te contara que ahora mismo no estás utilizando la mayor fuente de poder con la que cuentas en este momento, que podría mejorar tu vida laboral y personal? ¿Te interesaría? ¡Claro que sí!

Y entonces llega el momento de explicar que la respuesta a la pregunta: «¿Qué es lo que las mujeres tienen y los hombres no?» es el ciclo menstrual.

Seguro que no te lo esperabas.

> **El ciclo menstrual es un enorme recurso personal y laboral que no sabemos valorar.**

Por lo general el ciclo menstrual es interpretado más como un inconveniente que como una ventaja, y los ámbitos empresarial, laboral y del desarrollo personal han ignorado por completo una verdad fundamental sobre las mujeres: que nuestras habilidades cambian a lo largo del mes.

A diferencia de los hombres, nosotras vivimos un ciclo de alteraciones mentales, físicas y emocionales que afectan a nuestra forma de pensar, sentir y comportarnos. Pero no nos damos cuenta de que ese ciclo encierra un modelo natural e innato de instrucción para la vida, dotado de sus propios Momentos óptimos para planificar, consolidad, entrar en acción, aplicar el pensamiento creativo, analizar y soltarnos.

Los métodos concebidos como herramientas de transformación personal y consecución de objetivos cometen un error al obligar a la mujer a mantener una estructura lineal, plagada de expectativas poco realistas sobre la regularidad de sus perspectivas y procesos mentales y emocionales. En efecto, este enfoque limita las posibilidades femeninas, puesto que impide que alcancemos nuestro máximo potencial a través del amplio y diverso abanico de aptitudes que se potencian durante nuestros Momentos óptimos.

«En mi opinión, el programa de 28 días de Miranda Gray resulta muy enriquecedor para la mujer en el medio laboral. Me ha permitido explotar al máximo mis momentos de fortaleza durante el ciclo y ser un poco más permisiva cuando no me sentía tan energética y productiva. Recomiendo el programa a todas las mujeres.»

TESS, Recursos Humanos,
Canadá

En un mundo en el que toda empresa necesita realizar esfuerzos permanentes para mantenerse en el mercado, el hecho de aprovechar la amplia gama de aptitudes que ofrecen las mujeres podría convertirse en una herramienta inspiradora para situarse por delante de los competidores.

Las técnicas actuales de autodesarrollo nos obligan a adoptar una forma de pensamiento masculina, lo cual siembra las semillas del fracaso antes incluso de que comencemos a plantearnos nuestros objetivos. Y en el mundo empresarial, las rígidas estructuras laborales ignoran nuestra naturaleza cíclica, con la consecuencia de que las empresas se pierden el recurso más creativo con el que pueden contar: ¡nosotras!

> Por lo general me resulta más sencillo concentrarme en el trabajo y ser más positiva durante mis fases Dinámica y Expresiva. Dispongo de más energía y produzco mucho más.
>
> BÁRBARA, docente, Reino Unido

Lo cierto es que cuando trabajamos con pleno reconocimiento de las aptitudes y talentos que surgen en nosotras a lo largo del mes nos convertimos trabajadoras excepcionalmente productivas y perceptivas, y experimentamos niveles de éxito y satisfacción personal que superan nuestras expectativas tanto en nuestra vida privada como laboral.

¿QUÉ SON LOS MOMENTOS ÓPTIMOS Y CÓMO PODEMOS UTILIZARLOS?

El ciclo mensual está compuesto por cuatro Momentos óptimos, que son días en los que nuestras habilidades mentales, cualidades emocionales, conciencia intuitiva y aptitudes físicas se potencian. Por esa razón, durante estos períodos no deberíamos desaprovechar la oportunidad única de aplicar dichas habilidades

---

El Plan diario de la Mujer cíclica es una guía para descubrir tus Momentos óptimos particulares y las habilidades personales que más se intensifican en cada fase.

de un modo positivo y dinámico, para alcanzar así nuestro máximo potencial. Si reconocemos cuáles son nuestros Momentos óptimos y los tipos de aptitudes potenciadas que contienen, y aplicamos estas habilidades de forma práctica a nuestra vida en cuanto surgen, no solo descubriremos que nuestros talentos y logros crecen, sino que finalmente viviremos la vida según nuestra naturaleza femenina y disfrutaremos de ser nosotras mismas.

A pesar de que en este libro he tenido que hacer algunas generalizaciones, incluido el número de días del plan, este esquema de 28 días te ayudará a descubrir no solo tus Momentos óptimos

Días 14-20 aproximadamente
Momento óptimo para la comunicación, la empatía, la productividad, el trabajo en equipo, el apoyo a otras personas, la creatividad emocional y el inicio de nuevas relaciones.

Días 7-13
Momento óptimo para la creatividad mental, el aprendizaje, la claridad, la concentración, la investigación, el pensamiento estructural, la independencia y la energía física.

Fase Expresiva
Ovulación

Fase Dinámica
Preovulación

Fase Creativa
Premenstruación

Fase Reflexiva
Menstruación

Días 21-28 aproximadamente
Momento óptimo para la creatividad inspirada, el pensamiento original, la identificación de problemas y la resolución de los mismos, y la firmeza.

Días 1-6
Momento óptimo para el procesamiento interior, la reconsideración creativa, el intento de llegar al núcleo de las cosas, la reelaboración de pensamientos, el dejarse llevar, la concepción de nuevas ideas, la creatividad intuitiva, el descanso y la renovación.

Figura 1: Las fases del ciclo y los Momentos óptimos

únicos y personales, sino también tus aptitudes, independientemente de la regularidad o duración de tu ciclo. El Plan diario de la Mujer cíclica puede ser puesto en práctica por cualquier mujer que aún mantenga un ciclo, ya sea éste natural o inducido por fármacos (para más información véase capítulo 8).

A lo largo del mes la mayoría de las mujeres experimentamos distintas fases, a las que yo he dado nombre: Dinámica, Expresiva, Creativa y Reflexiva.

1. La fase Dinámica

Tiene lugar después de la menstruación y antes de la ovulación. Puede ser un Momento óptimo para la focalización mental, la concentración, el aprendizaje, la investigación, el pensamiento estructural, la independencia y la energía física.

2. La fase Expresiva

Se inicia aproximadamente en el momento de la ovulación, y puede ser un Momento óptimo para la comunicación, la empatía, la productividad, el trabajo en equipo, el apoyo a otras personas y la creación de relaciones interdependientes.

3. La fase Creativa

Más comúnmente conocida como fase premenstrual, puede ser un Momento óptimo para la creatividad, la inspiración, el pensamiento original, la identificación de problemas y sus soluciones, y la firmeza.

4. La fase Reflexiva

Se trata de la fase menstrual en sí misma, la cual puede ser un Momento óptimo para el procesamiento interior, el análisis creativo, la intención de llegar al núcleo de las cosas, la reestructuración, el dejarse llevar, las nuevas ideas y el descanso y la renovación.

La mayoría de nosotras, ansiosas por encajar en la estructura del mundo moderno, intentamos hacer caso omiso de este ciclo natural de habilidades. Pero si no conocemos nuestros Momentos óptimos podemos llegar a creer que tanto nosotras mismas como nuestras aptitudes resultamos inconstantes y poco fiables, una idea que también podrían albergar nuestras parejas, jefes y compañeros de trabajo.

Y entonces compensamos nuestros «altibajos» esforzándonos mucho más en el trabajo, manteniendo un nivel laboral que en realidad no refleja nuestro máximo potencial, tomando estimulantes para obligar a nuestro pensamiento y nuestro cuerpo a actuar «como se debe», y sintiéndonos insatisfechas porque nuestra vida es una constante lucha por encajar en una estructura que no es la adecuada para nosotras. Es como tratar de insertar un clavo redondo en un agujero cuadrado.

El asesor personal natural y mensual

Cuando trabajamos en el contexto de nuestro ciclo natural de Momentos óptimos, automáticamente disponemos de las aptitudes que necesitamos para conseguir nuestros objetivos personales y empresariales.

La mayoría de los métodos de orientación personal sugieren lo siguiente:

1. **Establecer un objetivo y luego investigar y planificar los pasos que nos permitirán alcanzarlo.**

   Las habilidades de la fase Dinámica de cada ciclo resultan ideales para estas tareas, y entre ellas pueden figurar la concentración mental y el pensamiento estructural.

2. **Entrar en acción y entablar relaciones que nos ayuden a alcanzar nuestra meta.**

   Las aptitudes de comunicación, la confianza, la productividad y la sociabilidad relacionadas con la fase Expresiva de cada ciclo pueden ser utilizadas para establecer contactos y crear el respaldo que necesitamos para alcanzar nuestros objetivos.

3. **Aplicar nuestra creatividad a la hora de resolver problemas activamente y marcar la dirección a seguir.**

   La fase Creativa del ciclo puede convertirse en un potencial centro de inspiración y nuevas ideas. Su marcada intolerancia frente a lo superfluo crea la concentración necesaria para alcanzar objetivos.

4. **Analizar los progresos conseguidos hasta el momento.**

   La tendencia a la reflexión y el análisis introspectivo de la fase Reflexiva de cada ciclo la convierte en una etapa ideal para analizar situaciones y progresos.

En un ciclo mensual contamos de forma natural con todas las habilidades que necesitamos para convertirnos en nuestro propio orientador personal y crear y sustentar todos los cambios a corto

---

El ciclo menstrual nos ofrece un proceso natural de orientación personal.

y largo plazo —además de los logros— que deseemos alcanzar en la vida.

CÓMO UTILIZAR ACTIVAMENTE NUESTROS MOMENTOS ÓPTIMOS

Si no tenemos en cuenta el ciclo corremos el riesgo de que nuestras acciones resulten incompatibles con las habilidades de nuestro Momento óptimo. Podemos iniciar nuevos proyectos en una fase completamente inadecuada, como la Reflexiva, en lugar de hacerlo en el Momento óptimo en que se realzan nuestras habilidades mentales, emocionales y físicas: hablamos, en este caso, de la fase Dinámica.

¿Alguna vez has comenzado una nueva dieta o plan de gimnasia y lo has dejado un par de días más tarde? Es muy probable que tu error haya sido empezarlo durante las fases Creativa o Reflexiva.

También solemos ser poco realistas en cuanto a la constancia de nuestras habilidades, lo cual aumenta nuestros niveles de frustración y estrés en cuanto no actuamos según nuestras expectativas.

En la fase Expresiva, período en que nuestras habilidades naturales giran en torno a construir y sustentar relaciones productivas, resulta muy poco realista continuar esperando los elevados niveles de precisión mental y concentración de la fase Dinámica.

Para alcanzar nuestro máximo potencial, entonces, debemos entender cuáles y qué son nuestros Momentos óptimos y aplicarlos de forma activa y práctica. Ante esta idea, la respuesta inmediata

---

A pesar de que el mundo laboral no apoya las flexibles habilidades femeninas, podemos tomar conciencia de nuestros Momentos óptimos para sacar máximo provecho de nuestras aptitudes y de esa manera destacar en el trabajo y alcanzar el éxito y la vida que deseamos.

de las mujeres suele ser: «Es una broma, ¿no? ¡No pretenderás que cambie mi vida/trabajo/jefe/el mundo para que se adapte a mi ciclo!»

Y es absolutamente comprensible y cierto. No podemos organizar el mundo para que se ajuste a nuestros Momentos óptimos, pero sí podemos tomar conciencia de ellos y en la medida de lo posible recurrir a nuestras habilidades cíclicas para obtener lo mejor de nosotras mismas. De esta manera tendremos la oportunidad de destacar en el trabajo, desarrollar proyectos de éxito y crear el equilibrio que anhelamos entre la vida laboral y personal.

El Plan diario de la Mujer cíclica ha sido creado específicamente para que puedas tomar conciencia de tus Momentos óptimos y también para que los aproveches y a través de ellos alcances tu máximo potencial y cumplas tus objetivos.

Es importante recordar que estamos hablando de *Momentos óptimos*, lo cual no significa que no puedas trabajar ni cumplir con otras obligaciones durante los períodos restantes del mes, sino simplemente que si haces coincidir una tarea con el momento más propicio para ejecutarla, brillarás con luz propia. ¡Te sorprenderá descubrir tus nuevos talentos y habilidades!

¿A QUIÉN VA DIRIGIDO EL PLAN DIARIO DE LA MUJER CÍCLICA?

El Plan diario resulta adecuado para cualquier mujer que desee descubrir la verdadera profundidad de sus habilidades y de qué manera aplicarlas de forma práctica para concebir la vida que desea. El plan incluye acciones diarias que apuntan a las tres principales áreas de la vida:

> **Si haces coincidir la tarea con el momento más propicio para ejecutarla, destacarás.**

1. **Autodesarrollo:** acciones relacionadas con la seguridad personal, la autoestima, la creatividad, las relaciones, el estilo de vida, la aceptación de ti misma, la exploración de lo que significa ser «tú» y la utilización de los Momentos óptimos para incrementar tu sensación de bienestar.
2. **Consecución de objetivos:** acciones dirigidas a identificar tus verdaderos objetivos, qué pasos dar y cuándo, cómo encontrar motivación y de qué manera aprovechar los Momentos óptimos para hacer realidad tus objetivos y sueños.
3. **Progreso en el aspecto laboral:** acciones que te ayudan a alcanzar tu máximo potencial, identificar el trabajo adecuado para ti, trabajar de forma más eficaz y explorar los Momentos óptimos para llevar a cabo determinadas tareas y tomar decisiones.

El plan puede ser puesto en práctica por cualquier mujer que siga un patrón regular de cambios relacionado con su ciclo hormonal —incluidos aquellos controlados a través de fármacos, es decir, la contracepción hormonal— y también por quienes experimenten ciclos irregulares, incluida la menopausia. Si tu ciclo menstrual es errático, o si dura más o menos de los 28 días establecidos en el plan (algo que nos sucede a todas), el organigrama es adaptable y te ofrece ideas e inspiración para que crees tu plan individual a partir de tus experiencias personales.

¿CÓMO SURGIÓ EL PLAN DIARIO DE LA MUJER CÍCLICA?

En los años noventa escribí un libro titulado *Luna roja: Los dones del ciclo menstrual*. Basándome en las experiencias de las mujeres en relación con su menstruación, interpreté el ciclo reflejando sus efectos sobre la creatividad, los procesos mentales, la espiritualidad, la sexualidad, la salud emocional y el bienestar femenino.

La inspiración inicial para aquel libro surgió cuando me di cuenta del efecto que mi propio ciclo ejercía sobre mi trabajo —por aquel entonces era ilustradora autónoma—, tanto desde el punto de vista creativo como en lo referente a mis aptitudes como gestora de mi propio negocio. Desde la publicación de *Luna roja* he impartido talleres y ofrecido charlas en Europa y Norteamérica, y la principal pregunta que me han formulado una y otra vez es: «¿Qué papel desempeña el ciclo menstrual en mi vida si ya he tenido hijos o aún no me apetece ser madre?».

Después de más de diez años de trabajo como directora creativa de una empresa multimedia, y de dedicarme a practicar y enseñar técnicas de desarrollo personal, he conseguido responder esta pregunta de un modo que resulta aplicable tanto al entorno laboral cotidiano como a los métodos de orientación personal. El Plan diario de la Mujer cíclica es la respuesta.

Cada mujer reconoce sus aptitudes y Momentos óptimos de manera diferente, por lo cual, a la hora de plantear ideas sobre lo que debemos buscar e intentar conseguir, he optado por incluir en estas páginas numerosos ejemplos, surgidos tanto de mis propias experiencias como de las vivencias de otras mujeres. Nuestros ciclos nos ofrecen las claves para ganar poder en el mundo masculino, con la ventaja de que nos permiten hacerlo con estilo femenino. ¡Y tal vez este libro inspire la creación de la primera empresa u organización que permita a la mujer trabajar activamente con este recurso!

El ciclo menstrual siempre ha formado parte de la sociedad y de la cultura. Ahora ha vuelto, ¡pero va armado y es peligroso!

En los próximos capítulos te enseñaré a utilizar los cuatro Momentos óptimos de forma práctica, en la vida cotidiana, en el tra-

---

Al poner en práctica el plan entenderás tu ciclo como un recurso práctico para el desarrollo y la consecución de tus objetivos.

bajo y como una herramienta que te ayude a conseguir tus metas. También expondré sus características y te explicaré cómo sacarle el máximo provecho.

RESUMEN:

- El ciclo menstrual es una fuente desconocida de importantes y valiosas habilidades, a la que podemos recurrir activamente para mejorar nuestra vida y nuestra carrera y alcanzar las metas que deseamos.
- Nuestros ciclos pueden ser divididos en cuatro fases que contienen tipos específicos de habilidades y percepciones. Estas fases se denominan Dinámica, Expresiva, Creativa y Reflexiva. El ciclo mensual consiste en un patrón repetitivo de habilidades potenciadas.
- Dado que cada fase es un Momento óptimo para determinadas habilidades y acciones, si las ponemos en práctica en el marco de sus correspondientes períodos óptimos conseguiremos mejores resultados que si lo hacemos en cualquier otra fase.
- El ciclo menstrual encierra la estructura natural de un «orientador personal». Por esa razón podemos recurrir a nuestros ciclos para respaldar nuestros objetivos a través de la planificación, la acción, las relaciones, el pensamiento creativo y el análisis.
- El Plan diario de la Mujer cíclica te permitirá reconocer tus aptitudes naturales durante el mes y te aportará ideas prácticas sobre cómo sacarles provecho. También te ayudará a planificar acciones según la fase en que te encuentres, y te mostrará cómo beneficiarte de la orientación personal que tu mismo ciclo puede ofrecerte.
- El plan puede ser utilizado por cualquier mujer con un ciclo hormonal, ya sea natural o controlado mediante fármacos.

El plan es lo suficientemente flexible como para incluir ciclos irregulares y erráticos que duren más o menos de 28 días.

- Tu ciclo es un recurso práctico para tu desarrollo y crecimiento personal, laboral y vital.

«Me habría encantado contar con esta información hace años. Comprender las múltiples implicaciones del ciclo menstrual me ha permitido trabajar con él en lugar de combatirlo. He comenzado el plan y ya estoy proyectando mi próximo mes.»

AMANDA, terapeuta, Australia

Capítulo 2

CÓMO UTILIZAR ESTE LIBRO

Sé que muchas lectoras querrán comenzar ya mismo con el Plan diario de la Mujer cíclica, y lo cierto es que no hay razón por la que no puedan saltar directamente al capítulo 9 y entrar en materia. Sin embargo, al trabajar con otras mujeres sobre las ideas del plan he descubierto que comprender un poco más los cambios relacionados con cada Momento óptimo y contar con ejemplos adicionales sobre formas prácticas de aplicar sus habilidades asociadas les ayudaba a reconocer qué buscar durante sus ciclos. También sé que existen muchas maneras de enfocar el plan para que se convierta en un elemento activo de la vida cotidiana.

La próxima sección, titulada «Las claves del éxito en 28 días», presenta pautas para trabajar de la mejor manera posible con el Plan diario de la Mujer cíclica, y el capítulo 3, «Conoce tus fases», te ofrece información general sobre el ciclo y su funcionamiento.

Cuando comprendemos lo que nos sucede durante nuestros ciclos nos resulta más sencillo aceptar nuestros cambios, disfrutarlos e incluso divertirnos al aplicarlos en nuestra vida cotidiana. Los capítulos dedicados a cada una de las cuatro fases las exploran en detalle, analizando no solo los cambios mentales, emocionales y físicos que podemos experimentar, sino también planteando estrategias prácticas para hacer uso de las habilidades propias de cada Momento óptimo. También explican cómo evitar las expectativas y las acciones que entran en conflicto con la fase: sin lugar a dudas, siempre es bueno saber qué hacer y qué NO hacer.

> **¡Siempre es bueno saber qué hacer y qué NO hacer!**

El Plan diario de la Mujer cíclica actúa como la guía inicial que te ayudará a descubrir las habilidades propias de cada uno de tus Momentos óptimos y a sacar de ellas el máximo provecho posible. Si lo deseas puedes aplicar el plan tal como es, o bien intentar crear un plan propio a tu medida después de probarlo durante un ciclo. Para ayudarte a conseguirlo, el capítulo 10, titulado: «El plan ya está listo. ¿Y ahora, qué?», te explica cómo crear un registro más profundo de tus habilidades cíclicas a partir del Diagrama cíclico, una herramienta que se convertirá en una especie de mapa de ti misma a partir del cual podrás aprovechar tu ciclo, y que te guiará a la hora de desbloquear tu potencial para el éxito, la consecución de objetivos y la felicidad.

CLAVES PARA EL ÉXITO EN 28 DÍAS

Cinco son las claves que debemos tener en cuenta durante nuestro ciclo para sacar partido de nuestras habilidades en sus Momentos óptimos correspondientes. Como podrás comprobar, este sistema no solo resulta aplicable a la vida cotidiana, sino que además funciona de verdad.

> **Clave 1: conocimiento**
> **Clave 2: planificación**
> **Clave 3: confianza**
> **Clave 4: acción**
> **Clave 5: flexibilidad**

CLAVE 1: CONOCIMIENTO

El conocimiento es una clave fundamental para dar rienda suelta a nuestro potencial talento y trabajar con la versión potenciada de nuestras aptitudes durante cada ciclo. De hecho, se trata del factor esencial de todas las demás claves.

> «Un mes de lo más interesante. Me ha hecho tomar conciencia de que algunas aptitudes físicas, mentales y emocionales están vinculadas al ciclo.»
>
> MELANIE, docente,
> Reino Unido

Para desarrollar nuestro máximo potencial y quizá descubrir nuevos talentos, primero hemos de reconocer los cambios que se producen en nuestro cuerpo, aptitudes mentales y cualidades emocionales a medida que avanza el mes.

Si no intentamos determinar qué nos resulta fácil o difícil y lo cotejamos con las fases de nuestro ciclo, no sabremos en qué momentos nuestras habilidades se encuentran en su momento de mayor plenitud y nos perderemos los magníficos recursos que estos Momentos óptimos nos ofrecen, arriesgándonos además a sentir que nuestros proyectos, objetivos y tareas nos salen mal simplemente porque estamos poniendo en práctica las acciones equivocadas en el momento menos propicio.

Tomar conciencia de nosotras mismas no solo nos ayuda a conseguir más y actuar mejor, sino que también incrementa nuestra seguridad personal y autoestima. Nos incita a descubrir nuestro verdadero «yo» y a comprender que la «inconstancia» no es un aspecto femenino negativo, sino enriquecedor, que nos concede poder.

CLAVE 2: PLANIFICACIÓN

Detectar nuestros Momentos óptimos tras poner en práctica el plan durante algunos meses nos permite darnos cuenta de que nuestras habilidades son cíclicas y se acentúan aproximadamente en el mismo período de cada mes.

Esta maravillosa revelación nos permite planificar por adelantado cómo aplicar nuestras aptitudes más destacadas el mes que viene, y nos impulsa a planificar cómo utilizarlas para mejorar nuestras tareas cotidianas, producir mejores resultados en el trabajo o bien aplicarlas al ámbito de nuestras metas y sueños y progresar un poco más. Podemos establecer nuestros objetivos para el próximo mes, pero a diferencia de lo que sucede con la orientación personal tradicional, en este caso estableceremos nuestras acciones teniendo en cuenta nuestro ciclo.

Planificar con antelación nos permite organizarnos con tiempo suficiente para contar con toda la información o «las piezas» que nos hagan falta, y sobre todo nos ayuda a reunirlas en el lugar propicio y el momento indicado. Solo así podremos realizar nuestra tarea de forma rápida y eficaz, y aplicaremos nuestras habilidades más destacadas a la labor que tengamos entre manos en lugar de desperdiciarla en intentar organizarlo todo.

De todas formas, la planificación depende de la confianza. Tenemos que confiar en que si dejamos un trabajo aparcado hasta que podamos aprovechar nuestras habilidades más destacadas, éstas aparecerán. Y lo cierto es que suele resultar sumamente difícil aceptar que el Momento óptimo para un trabajo comenzará poco antes de su fecha de entrega, pero debemos hacerlo.

> **El plan, combinado con un diario personal, se convierte en una poderosa herramienta para alcanzar el éxito y la satisfacción personal.**

CLAVE 3: CONFIANZA

Cuando comenzamos a trabajar con nuestros Momentos óptimos, uno de los mayores retos que se nos plantean es confiar en que las habilidades «mágicas» se harán realidad. Y a la inversa, también tenemos que entender que ese nivel de supremacía de nuestras habilidades no dura para siempre, razón por la cual debemos confiar en que podremos sacarles el máximo provecho a medida que se transformen.

Para poder confiar en el proceso que sufrimos mes a mes necesitamos conocernos y aplicar ese conocimiento a nuestras planificaciones y acciones. La recompensa suele ser un factor «sorpresa», como por ejemplo descubrir una nueva habilidad o conseguir algo que superaba nuestras expectativas.

Confiar significa postergar un proyecto —en la medida de lo posible— hasta que llegue su Momento óptimo. Y eso es un gran reto, en especial en circunstancias de máxima presión en las que dejar una tarea «para más adelante» pueda dar la impresión de que se le está restando importancia. Sin embargo, es exactamente lo contrario: para nosotras tiene máxima prioridad y por eso pretendemos esperar a que llegue su Momento óptimo. Si confiamos en nuestras habilidades nuestros colegas también lo harán, porque haremos un buen trabajo y lo entregaremos a tiempo. Simplemente necesitamos mostrarnos un poco más firmes acerca de su plazo de ejecución. Eso es todo.

Como soy una trabajadora autónoma supongo que crees que me resulta fácil porque tengo la posibilidad organizar mi propia vida laboral a mi gusto. Bueno, pues sí y no. Es verdad que me resulta un poco más sencillo mostrar cierta flexibilidad en cuanto a mi forma de trabajar, pero aun así tengo que respetar fechas de entrega impuestas por otras personas, ya sean clientes, proveedores o colegas. También tengo que asistir a reuniones, escribir informes y comunicarme con el mundo, y todo ello en momentos que no resultan óptimos para dichas tareas. En la medida de mis posibilidades intento organizar el trabajo de manera tal que coincida con mis momentos más propicios —en lo que a mis habilidades se refiere—, pero no siempre lo consigo. Eso no quiere decir que no pueda hacer el trabajo en cualquier otro período del mes, sino sencillamente que lo ideal es aprovechar mi máximo potencial.

Tenemos que confiar en nuestros Momentos óptimos y decirnos: «Sí, sé que es urgente, pero alcanzaré mi nivel óptimo la próxima semana. Pospondré el trabajo hasta entonces pero estaré atenta por si noto que mis aptitudes mejoran antes de lo previsto. Si hago memoria, la última vez que dejé una tarea "aparcada" hasta su Momento óptimo conseguí mucho más en mucho menos tiempo».

Cuanto más trabajemos con nuestros Momentos óptimos, más confiaremos en nuestra capacidad para conseguir nuestras metas y triunfar, y más personas a nuestro alrededor confiarán en nuestra forma particular de organizar nuestras tareas.

CLAVE 4: ACCIÓN

La única manera de llegar a confiar en nuestras habilidades cíclicas es actuar de forma correcta en el Momento óptimo. Tenemos que poner el concepto en acción para poder experimentar los efectos únicos de nuestros Momentos óptimos.

He creado el plan para ofrecerte ideas y sugerencias de acciones diarias para un período de 28 días en tres áreas específicas de la vida, que son el *autodesarrollo*, la *consecución de objetivos* y el *progreso en el aspecto laboral*.

Puedes elegir las acciones diarias de un área específica y dedicar un mes a ponerlas en práctica, o bien seleccionar una o más y aplicarlas cada día.

Lo importante es que intentes aplicar las habilidades de tus Momentos óptimos de forma práctica, aunque sea en algo pequeño. Por ejemplo, es posible que experimentemos un nivel de concentración mental más elevado de lo habitual durante nuestra fase Dinámica, así que ¿por qué no usar ese período para dedicarnos a las finanzas, comprobar nuestras compras y cuentas bancarias y tal vez buscar mejores condiciones o precios? En dicha fase somos más capaces de procesar información compleja, descubrir errores, echar cuentas y entender la letra pequeña. También nos lleva menos tiempo resolver todas estas cuestiones y es mucho menos probable que nos aburramos durante el proceso.

Si no entramos en acción durante nuestros Momentos óptimos perderemos la ocasión de experimentar un nivel superior de aptitudes (que generará una mayor confianza en nuestras facultades), y también desperdiciaremos la valiosa oportunidad de finalizar una tarea con rapidez y facilidad.

Los talentos potenciales se convertirán en aptitudes reales.

CLAVE 5: FLEXIBILIDAD

La flexibilidad es necesaria, porque nosotras no funcionamos como un mecanismo de relojería. Para empezar, la duración total del ciclo puede variar y tornarse más regular o irregular, lo cual modifica también la duración de cada Momento óptimo. Pero sobre todo, no siempre existe un punto claro en el que nuestras habilidades cambien de pronto (si bien es posible que suceda). En efecto, lo más habitual es que nuestras aptitudes se vayan forjando gradualmente desde el inicio de una fase y se transformen poco a poco en las habilidades de la fase siguiente. Así que no es raro que todos nuestros planes nos parezcan completamente devastados si un ciclo dura unos días menos o una semana más de lo habitual.

La flexibilidad, entonces, implica no entrar en pánico; significa aceptar que la versión más destacada de nuestras habilidades ya no aparece en el momento de siempre y, a partir de nuestro conocimiento y experiencia, analizar de qué manera podemos aprovechar las habilidades del nuevo Momento óptimo para progresar. En otras palabras, implica dejar la agenda a un lado y planificar para la próxima ocasión en que surja el Momento óptimo.

Permíteme ofrecerte un ejemplo.

En el momento en que escribía esta sección me encontraba de vacaciones en Portugal. Tras buscar el mejor precio para los billetes de avión, conseguí un vuelo cuyas fechas coincidían con mis fases Creativa y Reflexiva. Y, si bien se trataba de mi momento de descanso, el *conocimiento* de mí misma me recordó que esos períodos son los más productivos para mí en lo relativo a la escritura, así que a través de la *confianza* y la *acción* planifiqué dedicar ese Momento óptimo a escribir.

A los dos días de comenzar las vacaciones pensé que había llegado la hora de ponerme manos a la obra, creyendo que contaba con una semana completa de Momento óptimo por delante. Sí, lo has adivinado: ¡mis hormonas cambiaron y de pronto me encontré en una prematura fase Reflexiva!

Lo cierto es que antes de partir yo ya había notado que me encontraba lista para escribir, pero con la vorágine del viaje había tenido que organizar tantas cosas que había ignorado aquella percepción y había confiado en las fechas de mi diario y en la planificación. Mi cuerpo, sin embargo, me había estado advirtiendo que aquel era mi Momento óptimo.

Y entonces, ¿qué? ¿Quedaba libre de disfrutar de mis vacaciones sin la presión de escribir? En absoluto. Continué escribiendo, aunque simplemente me limité a apuntar las ideas, visiones y conceptos que me ofrecía mi fase Reflexiva. Planifiqué que más tarde —concretamente durante mi fase Dinámica— revisaría todos los trozos de papel que inundaban nuestro apartamento de vacaciones y los uniría en una estructura que formase el núcleo del siguiente capítulo. Y que en mi próxima fase Creativa escribiría el texto, prestando seguramente un poco más de atención a los cambios de mi cuerpo.

Así que mientras tanto… ¡me dediqué al pensamiento reflexivo tendida en la arena de la playa!

Espero que hayas podido ver de qué manera se combinan las cinco claves. A través del Plan diario de la Mujer cíclica te sugeriré ideas sobre el tipo de acción práctica que puedes llevar a cabo en sintonía con tus Momentos óptimos; pero si éstos cambian inesperadamente, como me sucedió a mí, siempre puedes saltarte la parte de plan que no puedas cumplir y seguir adelante.

Cuanto más uso hagas de tus habilidades en el período en que destacan, más consciente serás de lo que puedes hacer, y mayor será tu flexibilidad a la hora de lidiar con problemas, tareas y objetivos. En lugar de lamentar que se te ha pasado el momento, o desear poder tener siempre el mismo nivel de aptitud, acabarás preguntándote de qué manera puedes aplicar las habilidades de tu nuevo Momento óptimo a la tarea que tengas que realizar entonces. Es posible que de esta manera llegues más lejos en tus logros y visiones que si fueses «constante».

RESUMEN

- Puedes comenzar el plan de inmediato.
- Para sacar máximo provecho de tu planificación es conveniente que reconozcas el mejor enfoque posible, comprendas bien el ciclo y tengas al menos una vaga idea de las habilidades en las que destacas en cada momento y cómo aplicarlas.
- El **conocimiento** de nuestros cambios físicos, mentales y emocionales durante el mes nos ayudan a descubrir cuándo florecen nuestras habilidades, lo que incluso podría llevarnos a descubrir nuevos talentos.
- **Tomar conciencia** de nosotras mismas no solo nos ayuda a conseguir más y trabajar mejor, sino que también incrementa nuestra seguridad personal y autoestima.
- La **planificación** de nuestras fases de mayor aptitud nos permite sincronizar nuestras tareas con el Momento óptimo para llevarlas a cabo, aplicar todo nuestro potencial, producir el mejor resultado y cumplir con nuestras tareas de forma rápida y eficaz.
- El **plan** se convierte en una poderosa herramienta para alcanzar el éxito y la satisfacción personal si lo complementamos con la información incluida en nuestro diario.

- Ejecutar la **acción** adecuada en el Momento óptimo nos ayuda a experimentar el poder y la variedad de nuestras habilidades. Los talentos potenciales se convierten en aptitudes reales.
- **Experimentar** nuestras habilidades a través de la acción nos impulsará a posponer nuestras tareas hasta que llegue su Momento óptimo, porque sabremos que nos resultarán más sencillas y nos llevarán menos tiempo.

> «Este libro ayuda a la mujer a comprender por qué razón no es constante, sino cíclica. Y a partir de ese conocimiento le enseña a emplear sus Momentos óptimos de energía, creatividad, creación de vínculos y reflexión en beneficio de su salud, su familia y su carrera. Agradezco profundamente a Miranda el haber escrito una obra tan inspiradora.»
>
> ZAHRA HAJI, directora y fundadora de Yoga Goddess, Canadá

- La **confianza** en nuestras habilidades potenciadas nace de los sorprendentes resultados que podemos conseguir si las aplicamos de forma práctica a los objetivos y tareas que tengamos que cumplir en cada momento, y de la seguridad que nos proporciona el hecho de saber en qué momento surgen o cambian.
- Ser **flexibles** y capaces de adaptarnos cuando las cosas no salen como las habíamos planeado significa reconocer que nuestras habilidades potenciadas son fases cíclicas, y decidir cómo aplicarlas a la tarea que debemos realizar.
- Siempre podremos ofrecer **una nueva oportunidad** a cualquiera de nuestras habilidades destacadas: solo debemos esperar hasta el próximo mes.

Capítulo 3

CONOCE TUS FASES

EL CICLO DE NUESTRO CUERPO

Casi todas sabemos que en nuestro ciclo menstrual destacan dos momentos: la liberación del óvulo (ovulación) y el desprendimiento del revestimiento uterino durante la menstruación.

Así como la menstruación nos resulta obvia a todas, y la fase previa muy obvia a quienes sufren el SPM (síndrome premenstrual), pocas mujeres son conscientes de sus cambios durante la fase preovulatoria y la ovulación en sí. El hecho de no notarlas crea la falsa impresión de que la menstruación es un acontecimiento individual que se repite mes a mes, en lugar de una fase de un ciclo de cambios mensuales. Si sufrimos el síndrome premenstrual y una serie de síntomas dolorosos nos parecerá que estamos «normales» durante la mayor parte del

> **El ciclo mensual**
>
> **Menstruación:** aproximadamente días 1-5; el útero se desprende de su antiguo revestimiento.
>
> **Preovulación:** aproximadamente días 6-11; un óvulo se desarrolla en los ovarios, el revestimiento uterino se ensancha y los niveles hormonales suben.
>
> **Ovulación:** aproximadamente días 12-16; un óvulo madura y es liberado, listo para la fertilización.
>
> **Premenstrual:** aproximadamente días 17-28; los niveles hormonales descienden; un óvulo fertilizado se incrusta en el revestimiento uterino.

tiempo pero que experimentamos una condición «anormal» durante varios días al mes. Y esta percepción del ciclo menstrual nos aleja del concepto de «ciclo» y lo convierte en un acontecimiento individual normal que se repite.

No reconocemos que lo que interpretamos como «anormal» es en realidad «normal»; y tampoco entendemos que se trata de las fases de un ciclo que se manifiesta en la vida cotidiana como distintas maneras de pensar, aptitudes y necesidades. No solo eso: también nos perdemos la ocasión de asimilar que nuestro ciclo es un flujo constante de cambios, y que el proceso de «convertirnos» en nuestra siguiente fase o de dejar atrás la que ya «no somos» nunca se detiene.

> «Tras leer mis anotaciones, realmente me sorprende comprobar lo mucho que cambio durante el mes.»
>
> MELANIE, docente,
> Reino Unido

Por lo general no nos damos cuenta de que no somos la misma persona una semana que la siguiente, y tendemos a ignorar las diversas alteraciones corporales que experimentamos y los efectos que éstas producen sobre nuestros pensamientos, habilidades, sentimientos y necesidades.

Por ejemplo, nuestros umbrales de dolor cambian durante el mes. Nuestra visión y capacidad auditiva pueden sufrir variaciones, así como nuestro ritmo cardíaco, resistencia física, coordinación y conciencia espacial, el tamaño de nuestros pechos y su consistencia, la composición de la orina y la temperatura y peso de nuestro cuerpo.

Todos estos cambios afectan no solo a nuestra energía y resistencia física y nuestra forma de pensar, sino también a la relación entre nuestros niveles conscientes y subconscientes de conocimiento. Nuestro comportamiento, aptitudes, sexualidad y espiritualidad también pueden variar durante el mes, y sin embargo nos han inculcado que debemos ser la misma persona con los mismos atributos permanentemente.

Desde el punto de vista de su función natural, el ciclo menstrual tiene la finalidad de restablecer nuestra fertilidad mes a mes.

En otras palabras, nos ofrece la oportunidad de quedarnos embarazadas. Los cambios físicos, mentales y emocionales que sufrimos apuntan a prepararnos para el embarazo; pero cuando la concepción no se produce, los cambios creados por el ciclo menstrual desempeñan un papel igualmente importante, aunque diferente, que, por desgracia, ignoramos a causa de nuestra limitada interpretación del propósito del ciclo menstrual.

Si no desarrollamos un feto, si ya tenemos hijos o si no queremos formar una familia, los cambios inherentes al ciclo menstrual nos permiten crear vida de otra manera: nos ayudan a entablar relaciones, comunidades, estructura, crecimiento, objetivos y planes, éxito y logros, armonía, arte, religión, ciencia y futuro.

Nuestro ciclo es un poderoso recurso compuesto por una serie de habilidades que permiten a la mujer crear la cultura y la sociedad, y precisamente en el seno de ambas crecerán las generaciones venideras que compondrán el futuro. Pero el ciclo no es solo altruista: también ofrece a la mujer las herramientas necesarias para que deje su huella en el mundo y alcance el éxito y la satisfacción personal. La naturaleza no desea que seamos solamente máquinas de concebir; también nos apoya en nuestra individualidad y en nuestros objetivos y sueños a través de las diferentes capacidades que conforman las cuatro fases del ciclo menstrual.

> **En esencia, el ciclo menstrual nos permite crear la sociedad y la cultura, y nos apoya en nuestros objetivos y sueños individuales.**

¿A QUÉ TE REFIERES CUANDO DICES QUE CAMBIO TODOS LOS MESES?

Hasta el momento he estado hablando de las «cuatro fases» del ciclo menstrual, aunque ninguna de ellas tiene en realidad barreras rígidas; la demarcación tiene la única finalidad de ayudarnos a comparar y contrastar semana a semana. En el Plan diario de la Mujer cíclica la subdivisión del ciclo en fases definidas nos facilita confrontar cada una de ellas y descubrir cambios que de otra manera nos resultaría difícil percibir en el día a día.

Las fases, en realidad, son el paso gradual desde un conjunto de energías, habilidades y percepciones a otro. Por ejemplo, el comienzo de la fase Expresiva (fase ovulatoria) será una mezcla de las energías y habilidades de nuestra fase Dinámica (fase preovulatoria) y los atributos de la fase Expresiva. Por su parte, las aptitudes de la fase Dinámica perderán fuerza a medida que se intensifiquen las de la fase Expresiva.

Al comienzo todo esto puede resultar muy confuso, pero existen dos modelos a los que podemos recurrir para comprender un

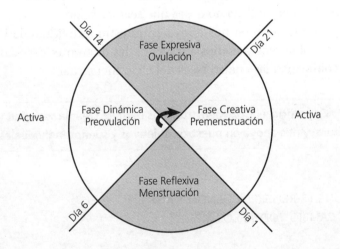

Modelo activo-pasivo del ciclo menstrual

Pasiva y volcada al exterior

Día 14

Día 21

Fase Expresiva
Ovulación

Activa

Fase Dinámica
Preovulación

Fase Creativa
Premenstruación

Activa

Fase Reflexiva
Menstruación

Día 6

Día 1

Pasiva e introspectiva

Figura 2: Ciclo activo/pasivo

poquito mejor el flujo del ciclo menstrual y tomar conciencia de los cambios que experimentamos.

Cuando analizamos nuestros ciclos descubrimos que dos fases nos parecen más centradas en la acción y la realización, y que otras dos nos resultan más pasivas y en sintonía con nuestra propia persona. También percibimos que dos de las fases se relacionan más con el mundo exterior y el razonamiento, y que las otras tienen que ver con el mundo subconsciente y la intuición.

En nuestros ciclos menstruales es posible que notemos que dos períodos giran más en torno a la acción y el ego: la fase Dinámica (preovulación) y la Creativa (premenstruación). En la primera podemos notar una chispa de renovada energía física después de la menstruación, además del impulso, la voluntad y la automotivación necesarias para que las cosas «pasen». Es cierto que experimentamos una intensa necesidad o deseo de introducir cambios y entrar en acción, pero a medida que nos acercamos a la fase Expresiva esta necesidad comienza a remitir y empezamos a aceptar más las situaciones.

De forma similar, en la fase Creativa solemos experimentar fuertes «arrebatos» de actividad física y una imperiosa necesidad de crear o «hacer algo». Esta premura por entrar en acción suele estar acompañada de una frustración cada vez mayor a medida que nuestra resistencia física comienza a disminuir en las proximidades de la fase Reflexiva.

Una manera de comprender el ciclo menstrual es imaginarlo como una serie de mareas. La fase Expresiva es nuestra marea alta, la Reflexiva es la baja y las fases Dinámica y Creativa son las corrientes de acción de las mareas entrantes y salientes.

Las fases Expresiva y Reflexiva, al igual que las mareas alta y baja respectivamente, son más pasivas. Carecen de la urgencia de provocar la acción, pero aportan una perspectiva cargada de tranquilidad, aceptación, paciencia y apoyo. La fase Expresiva favorece el enraizamiento y ofrece un bienvenido descanso lejos del intenso poder de nuestra voluntad y ego. Y al igual que la marea alta, la fase Expresiva bulle de plenitud y potente energía, lo cual nos permite apoyar a otras personas, entablar relaciones y conectar con el mundo exterior desde una posición de fortaleza.

La fase Reflexiva es nuestra marea baja, un momento en que tanto la energía física como el impulso y el ego se retiran. Pero solo gracias a que las aguas se repliegan durante esta fase se crea espacio suficiente para la futura marea entrante. Es nuestro período de descanso, despreocupación por el mundo y recarga de energías.

Demos un paseo por el ciclo y veamos cómo se percibe este modelo en la vida cotidiana y de qué manera podemos sacar provecho de nuestros Momentos óptimos.

TU ASPECTO PASIVO Y CENTRADO EN LA ACCIÓN

1. Fase Reflexiva: pasiva
Aproximadamente días 1-6 (durante el «período» menstrual).

La menstruación es una etapa en la que podemos notar una menor resistencia física, más necesidad de sueño y menos capacidad mental para concentrarnos y recordar. Es posible también que descubramos que somos incapaces de afrontar nuestras actividades, o que necesitamos más fuerza de voluntad y esfuerzo para entrar en acción. Incluso podemos llegar a quedarnos mirando por la ventana, aturdidas y desconectadas tanto del mundo como de esa sensación de urgencia que normalmente alimenta nuestras jornadas.

Tal vez nos notemos más capaces de aceptar y tolerar, de comprometernos y de dejar atrás nuestros deseos y necesidades.

Esta fase pasiva es el Momento óptimo para reducir la velocidad, nutrir nuestro cuerpo y proporcionarle espacio para descansar y renovarse. Es el período adecuado para despreocuparnos, ser simplemente quienes somos en la actualidad, ser creativas a través de nuestras ensoñaciones, ir con la corriente y reconectar con lo que es verdaderamente importante para nosotras.

2. Fase Dinámica: activa
Aproximadamente días 7-13

Una vez que la menstruación comienza a remitir, emergemos de nuestro estado de «hibernación». Nuestro cuerpo ya no parece tan perezoso y cuenta con mucha más energía y resistencia. Una vez más nos sentimos motivadas a entrar en acción tanto desde el punto de vista físico como mental.

Con la mayor agudeza de nuestro intelecto, rápidamente llevamos a cabo las tareas que no podíamos afrontar durante la menstruación, y somos más capaces de tomar decisiones lógicas. Es posible que sintamos un fuerte impulso de hacer cambios en el mundo para satisfacer nuestra necesidad de acción, impacto, resultados y control, y para que las cosas sucedan tal como las queremos.

Esta fase activa es obviamente el Momento óptimo para comenzar nuevos planes de vida, introducir cambios en nuestra forma de vivir y trabajar, iniciar nuevos proyectos y entrar en acción.

> «(Día 8. Fase Dinámica.) Más capacidad de atención y concentración. Más facilidad en la realización de múltiples tareas. Aptitud para dirigir a otras personas: más habilidad para escuchar y respaldar. Más disposición para el pensamiento lógico.»
>
> DÉBORA, asistente
> de estilismo en una firma
> de alta costura, Francia

3. Fase Expresiva: pasiva
Aproximadamente días 14-20

Cuando nos aproximamos al momento de la ovulación nuestros niveles de resistencia física, fuerza de voluntad e impulso comienzan a cambiar lentamente. Nos alejamos de la acción, nos sentimos menos enérgicas y demostramos menos determinación para finalizar nuestros proyectos y satisfacer nuestras necesidades personales. Es posible que actuemos con más amabilidad, tomemos mayor conciencia de lo que necesitan los demás y nos mostremos más capaces y deseosas de conectar con ellos y apoyarles.

Aún conservamos un buen nivel de energía física, pero, a diferencia de lo que sucede durante la fase Dinámica, nuestras emociones y relaciones emocionales adquieren mayor relevancia.

Esta fase es el Momento óptimo para respaldar proyectos en lugar de llevarlos personalmente, para establecer conexiones y producir resultados como equipo en lugar de actuar de forma individual. Para algunas culturas, las energías y habilidades de esta fase definen lo que significa ser mujer.

4. Fase Creativa: activa
Aproximadamente días 21-28

La fase Expresiva fluye gradualmente hacia un período que para muchas mujeres resulta bastante difícil: la etapa premenstrual.

Tal como sucede durante la fase Dinámica, nos orientamos más hacia nosotras mismas y solemos experimentar un gran deseo e impulso de hacer cosas. Pero, por el contrario, en otros casos puede tratarse de una fase de reducción de la energía y la resistencia física, combinada con intensas emociones y pasiones.

> «El mes pasado me puse a ordenar mis cosas y llené tres bolsas de basura. ¡Cuando me fijé qué día era me di cuenta de que me encontraba en plena fase Creativa.»
>
> YASSMIN, asistente legal,
> Reino Unido

Nuestra habilidad para crear durante esta fase no se limita únicamente a la producción de objetos, sino que también incluye la creatividad mental. No obstante, hemos de tener en cuenta que nuestros procesos de pensamiento pueden fácilmente descontrolarse, lo cual nos hará sentir ansiosas y temerosas, demandantes y críticas.

Por sorprendente que resulte, éste puede ser el más poderoso de los Momentos óptimos, un período magnífico para aplicar la intolerancia en la eliminación de escombros mentales, emocionales y físicos. ¡Resulta increíble comprobar la cantidad de mujeres que se ponen a limpiar y ordenar frenéticamente unos días antes de menstruar! La capacidad de la mente para crear, extrapolar e imaginar convierte este período en un valioso momento para el pensamiento original, los descubrimientos y las ideas inspiradas.

Y al final, cuando entramos en la fase menstrual, reducimos nuestro ritmo físico, mental y emocional para poder renovarnos.

Habrás notado a partir de este paseo por el ciclo que existen momentos en los que nuestras energías apuntan más a la acción, y otros en los que predomina la pasividad. Por consiguiente, resulta lógico utilizar las fases de la acción para concretar todo aquello que deseamos y las fases más tranquilas y pasivas para sustentar y alimentar nuestros proyectos, nuestra propia persona y nuestras relaciones.

Si esperamos contar con la energía y las habilidades de una fase activa en un período pasivo no haremos más que crear una gran cantidad de tensión interna, frustración y estrés. Del mismo modo, si nos obligamos a ser pasivas, pacientes y empáticas en una fase dirigida a la acción nos estresaremos tanto como en el caso anterior. En ambas circunstancias estaremos obligándonos a ser algo que no somos.

Al procurar que nuestras acciones y expectativas coincidan con el fluir de la acción y las fases pasivas de nuestro ciclo no solo nos libramos del estrés interno que nos provoca luchar contra nosotras mismas, sino que además nos aceptamos reconociendo lo que valemos. Es decir, cuidamos nuestra autoestima.

La visión del ciclo menstrual dividido en dos fases centradas en la acción y otras dos caracterizadas por la energía pasiva no es la única alternativa. También podemos interpretar nuestro ciclo como un fluir entre el conocimiento consciente de nuestro mundo exterior y el conocimiento subconsciente de nuestro mundo interior.

Cuando nos concedemos la libertad de ser quienes somos —cualquiera sea la fase en que nos encontremos—, conseguimos aceptarnos, legitimarnos como mujeres y sentirnos más seguras de nosotras mismas.

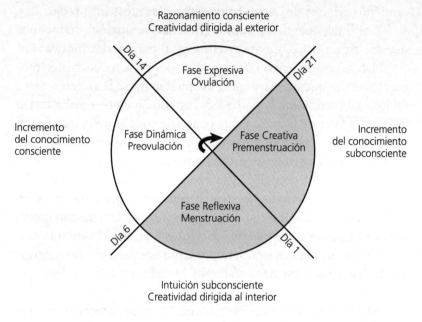

Figura 3: Ciclo consciente/subconsciente

Si analizamos nuestras experiencias a lo largo del mes nota-remos que podemos dividir el ciclo en dos mitades: una más cen-trada en el pensamiento racional y el mundo exterior, y otra en la que predomina nuestro mundo intuitivo y subconsciente.

Las dos fases que apuntan «hacia fuera» —es decir, aquellas en las que los pensamientos y la conciencia se centran más en el mundo exterior y en la que los procesos racionales de pensamiento son más intensos— son la Dinámica (preovulación) y la Expresiva (ovulación).

Y las dos fases que apuntan «hacia dentro» —aquellas en las que la percepción de nuestro subconsciente y nuestro mundo in-tuitivo es más fuerte— son la Creativa (premenstruación) y la Re-flexiva (menstruación).

Para entender mejor esta división podemos recurrir a la imagen de las fases de la luna. Las etapas que he denominado Dinámica y Expresiva se corresponden con las fases creciente y llena, en las que predominan la luz y el mundo exterior o visible.

La fase Expresiva marca el momento cumbre de nuestro brillo sobre el mundo.

Las fases Creativa y Reflexiva se corresponden con las fases lunares menguante y nueva, en las que predominan la oscuridad y el mundo invisible del subconsciente y la intuición.

La fase Reflexiva es el momento ideal para que nos retiremos a las profundidades de nuestro ser, en un estrato inferior al del pensamiento cotidiano. Al igual que la luna, viajamos entre los ámbitos de la luz y la oscuridad, del pensamiento racional y el conocimiento subconsciente.

Todo esto puede sonar un poco raro, pero resulta fundamental a la hora de comprender y utilizar los poderosos Momentos óptimos de nuestros ciclos para alcanzar no solo nuestra satisfacción, bienestar y éxito, sino también para descubrir sorprendentes talentos que jamás hubiésemos imaginado a nuestra disposición y servirnos de ellos.

Yo conocí la naturaleza cíclica de mis aptitudes a través de mi trabajo. Jamás me he considerado escritora; soy ante todo una artista que piensa en imágenes y no en palabras. Sin embargo, descubrí que en mi fase premenstrual puedo escribir. Cuando estoy «en zona», las palabras fluyen con facilidad y lo que escribo no deja de sorprenderme, en especial cuando lo releo durante otra fase.

Se trata de un don maravilloso y cargado de belleza que ignoraba poseer hasta que dejé de buscar la constancia y me propuse analizar mi inconstancia y pensar qué hacer con ella. ¡Espero, en-

> **Cuando lo que busques no sea la constancia, sino distintas formas de sacar provecho de tu inconstancia, ¡prepárate para sorprenderte!**

tonces, que a medida que trabajes con el Plan diario de la Mujer cíclica encuentres tus propios regalos sorpresa!

Así pues, ¿cómo se percibe este modelo en la vida cotidiana, y de qué manera podemos beneficiarnos de los Momentos óptimos?

> «(Fase Reflexiva.) Período para soñar y planificar con miras al futuro.»
>
> NATASHA, auxliar de biblioteca, Reino Unido

Durante las fases Creativa y Reflexiva, en las que el subconsciente se vuelve más inmediato que la mente consciente, es mucho más probable que experimentemos esos sorprendentes momentos intuitivos (a los que yo llamo «eureka») en los que las ideas, las soluciones creativas y las revelaciones parecen salir de la nada.

Durante la fase Creativa, tan plena de impulso y energía, es posible que percibamos una sorprendente capacidad para elaborar conceptos, establecer conexiones, comunicar apasionadamente nuestras creencias, ideas y diseños, y tener una idea tan pero tan original que resulte increíble. ¿Que si se trata de un período excitante? ¡Ni lo dudes!

Con mucha frecuencia la fase Creativa es considerada negativa debido a los trastornos mentales y emocionales que acarrea, pero se trata de un período por demás poderoso para el cambio, el crecimiento y la sanación.

Durante esta etapa, y a medida que el subconsciente se vuelve más dominante, nuestras emociones reprimidas y bloqueadas y nuestros conflictos mentales se filtran a la conciencia cotidiana. De repente experimentamos emociones y pensamientos que al parecer salen de la nada.

Sin embargo, en lugar de ser negativo, este factor crea un magnífico Momento óptimo para descubrir nuestros conflictos más profundos. En efecto, nos ofrece la oportunidad de tomar conciencia de cuestiones que nuestro subconsciente necesita que reconozcamos y procesemos en pos de nuestro crecimiento y bienestar.

A continuación de la fase Creativa llega la Reflexiva, que puede parecer más tranquila y a la que percibimos en interacción con nuestra vida cotidiana a un nivel completamente diferente. Estamos más al tanto de nuestro conocimiento interior, y nuestra intuición puede ser más fuerte que nuestra capacidad para razonar y pensar de forma lógica.

Tal como sucede durante la fase Creativa, las revelaciones y las ideas surgen de la nada, aunque por lo general carecemos del impulso y la energía necesarios para llevarlas adelante; además, suele tratarse en realidad de profundas revelaciones y no de cosas que podríamos crear en el mundo exterior. A lo largo de la fase Reflexiva el ego se aquieta y tenemos la ocasión de ver quiénes somos debajo de nuestros pensamientos, miedos y expectativas diarias.

Estas dos fases resultan ideales para desarrollarnos como personas, dejar atrás el pasado, legitimar y dejar salir nuestras emociones, expresar nuestra creatividad, replantear nuestra forma de pensar, tomar conciencia de cuáles son los elementos de nuestra vida que encajan con nuestros verdaderos sentimientos y aspiraciones, y entrar en contacto con nuestra intuición.

Durante las otras dos fases del ciclo, la Dinámica y la Expresiva, predominan los procesos del pensamiento racional y el mundo exterior. No basta con tener una idea estupenda; necesitamos pensar qué hacer con ella y cómo estructurarla o aplicarla. La fase Dinámica nos permite hacer precisamente todo eso.

En este período nuestra creatividad suele orientarse mucho más hacia los procesos mentales, lo cual nos permite analizar con lógica, aplicar ideas de forma práctica, crear conceptos viables, solucionar problemas de forma metódica y ver el panorama general al tiempo que reconocemos y creamos sus detalles.

A lo largo de la fase Expresiva adquiere importancia la forma en que nos conectamos, comunicamos y relacionamos con el mundo exterior. Nuestra percepción de nosotras mismas y nuestros propósitos se mezclan durante este período con otras sensaciones, y nuestra autoestima y logros dependen de nuestras relaciones con otras personas y también con el mundo. En la fase Reflexiva la percepción de nuestra individualidad y progreso se vuelve bastante confusa.

La fase Expresiva representa una oportunidad para construir las relaciones que sustentarán nuestros proyectos y nuestra propia persona, establecer conexiones y comunicar y presentar nuestras ideas a quienes puedan hacerlas realidad.

Estos dos modelos de interpretación del ciclo —el activo-pasivo y el consciente-subconsciente— son simplemente conceptos que intentan explicar nuestras experiencias cíclicas y forjar alguna especie de estructura desde la cual podamos apreciar tan complejo patrón. Es posible que tú descubras algo completamente diferente acerca de tu propio ciclo, así que piensa solo que lo que estos modelos hacen es explicarnos el flujo y reflujo de las energías que experimentamos cada mes, y ayudarnos a descubrir quiénes somos y qué debemos hacer por nuestro bienestar y satisfacción.

> «Creo que hablo en nombre de muchas de las mujeres presentes aquella noche cuando afirmo que nunca volveré a interpretar mi ciclo de la misma manera... Tu charla me permitió ver las cosas mucho más claras gracias a que nos ofreciste un lenguaje y un contexto desde el cual pude legitimar mis decisiones y experiencias.»
>
> AMY SEDGWICK,
> terapeuta ocupacional,
> Red Tent Sisters, Canadá

LA SATISFACCIÓN

Si nos consideramos seres constantes, suponemos que tendremos necesidades también constantes y que aquello que nos satisface esta semana lo hará también la próxima. Sin embargo, cuando asumimos que somos cíclicas nos damos cuenta repentinamente de que estas expectativas no encajan con nosotras. Para sentirnos felices y satisfechas en la vida necesitamos sentirnos felices y satisfechas en cada fase, y así como contamos con distintas habilidades y formas de percepción en cada una de estas etapas, también tenemos diferentes necesidades que expresar y satisfacer.

A muchas mujeres les cuesta aceptar su naturaleza cíclica, y por esa razón preferirían oscilar siempre en una o dos fases. No es extraño que las mujeres de carrera deseen preservar las habilidades de su fase Dinámica, o que una madre pretenda perpetuarse en su fase Expresiva por las cualidades empáticas que caracterizan este período. La ansiosa exclamación «¿No sería fantástico si pudiera ser así siempre? ¡Cuánto podría conseguir y qué diferente sería!» es, sin lugar a dudas, sincera.

Si no nos moviéramos de la fase Dinámica, desde luego seríamos más activas y nuestro motor impulsor serían la consecución de objetivos y el éxito. Y sí: estaríamos mejor preparadas para luchar en una estructura comercial masculina porque pensaríamos y nos comportaríamos más como hombres. Pero también perderíamos la ocasión de encontrar y expresar el gran abanico de aptitudes y experiencias que nos hacen sentir plenas.

Desperdiciaríamos la empatía y la capacidad de comprensión naturales de la fase Expresiva, cualidades que nos convierten en una buena «persona sociable», una buena compañera de equipo o jefa y una buena supervisora de la interacción con los clientes.

También se malograría la inspiración de la fase Creativa, que resuelve problemas, crea el magnífico anuncio de la campaña publicitaria, establece conexiones entre las personas y su satisfacción, o crea el taller, producto, artículo, propuesta o código informático que cambia la vida de mucha gente para mejor. Y por último, si perdiésemos la tranquilidad de la fase Reflexiva también nos quedaríamos sin la capacidad de saber qué es bueno para nosotras y qué deberíamos cambiar en pos de nuestro bienestar y de la vida que deseamos vivir.

Si aceptamos que somos cíclicas y reconocemos los aspectos positivos de cada una de las fases para luego sumergirnos activamente en la oleada mensual de cambios de conciencia, energías y aptitudes, daremos idéntica prioridad a nuestras contrastantes necesidades:

— en nuestras relaciones y logros;
— en nuestra vida personal y nuestra carrera;
— en nuestra necesidad de acción y respaldo y en la posibilidad de simplemente «ser»;
— sabremos detenernos y dejarnos llevar, y entrar en acción para comenzar algo nuevo;
— experimentaremos nuestro mundo subconsciente y nos centraremos en nuestro mundo exterior;
— pensaremos de forma racional y reconoceremos nuestra intuición;
— seremos analíticas y nos beneficiaremos de nuestra inspiración y creatividad.

Dentro de un ciclo podemos apoyar activamente todos los aspectos de nuestra vida y nuestro ser e interactuar con ellos, sin permitir que ninguno de ellos domine a los demás; aprendemos a encontrar el equilibrio entre la vida personal y la laboral, y satisfacemos todos nuestros deseos y necesidades, sin olvidar tampoco nuestros sueños y responsabilidades.

¿Y cuáles son las claves para encontrar esta armonía entre la vida personal y el trabajo?

1. **No intentar serlo todo al mismo tiempo.**
2. **No intentar ser la misma a lo largo de todo el mes.**

Aprovecha al máximo tus recursos

Para sentirnos satisfechas en la vida necesitamos entender y explorar las fases de los ciclos un poco más detalladamente. Tenemos que comprender de qué manera puede afectarnos cada una de ellas y encontrar formas positivas y prácticas de aplicar nuestros cambios mensuales a nuestra vida, trabajo, sueños y objetivos.

En los próximos cuatro capítulos investigaremos algunos de los cambios principales de las diferentes fases, el impacto que causan en nosotras y las oportunidades que nos ofrecen como Momentos óptimos. En cada capítulo encontrarás una lista de posibles habilidades; los enfoques que pueden dar mejores resultados en esa fase en particular; lo que hay que evitar y aquello que podría no funcionar; las estrategias físicas y emocionales y, por último, las destinadas a satisfacer objetivos y expectativas laborales. Así mismo dispondrás de áreas en las que podrás añadir tus propias ideas.

Si lo deseas puedes releer estos capítulos durante la fase apropiada de tu ciclo, lo cual te ayudará a comparar la información con tu propia experiencia y también te permitirá identificar medios positivos y prácticos de aplicar lo mejor de tus habilidades a tu propia vida.

Cada mujer experimenta su ciclo a su manera, pero existen algunas vivencias que muchas compartimos. No obstante, es posible que en tu caso algunas de las habilidades y acciones detalladas en los próximos capítulos coincidan con una fase diferente a la mencionada. No existen reglas fijas para trabajar con el ciclo menstrual, así que déjate guiar por la que mejores resultados te ofrezca.

Resumen:

- Físicamente experimentamos numerosos cambios durante el mes, muchos de los cuales no percibimos, pero que determinan nuestros sentimientos y forma de pensar y comportarnos.

- Nuestro ciclo es un flujo constante de cambios. La distinción de cuatro fases es simplemente una herramienta que nos incita a tomar más conciencia de nuestros cambios comparando diferentes semanas del ciclo.
- Resulta poco realista esperar ser las mismas durante todo el mes, cuando en realidad no lo somos.
- El ciclo menstrual no solo renueva la fertilidad y permite tener descendencia: también crea cultura, sociedad y expresión individual.
- Para comprender mejor los cambios que se producen durante el ciclo menstrual podemos basarnos en dos modelos: según uno de ellos, el ciclo es un flujo y reflujo repetitivo de energías activas y pasivas, y según el otro se trata del movimiento de nuestra conciencia desde el mundo exterior consciente hasta el mundo intuitivo subconsciente y viceversa.
- Cuando aceptamos nuestra naturaleza cíclica dejamos de tener expectativas inviables y reducimos el estrés que nos causamos a nosotras mismas al luchar por mantener la constancia.
- En el ciclo menstrual contamos con una herramienta muy poderosa para la creación de felicidad, bienestar y satisfacción.
- Vivir la vida en concordancia con cada parte de nuestro ciclo significa otorgar la misma prioridad a todos los aspectos de nuestra vida y de nosotras mismas. De forma natural satisfacemos nuestras cambiantes necesidades durante cada fase.
- El ciclo menstrual nos ofrece la oportunidad de crear un equilibrio duradero entre nuestra vida personal y laboral.
- La forma más sencilla de desarrollar este equilibrio es vivir de un modo que te resulte natural en cada una de las fases.

Capítulo 4

SACA PARTIDO AL MOMENTO ÓPTIMO DE LA FASE CREATIVA

Comenzaremos la investigación de las fases de nuestro ciclo en la fase Creativa (premenstrual) porque probablemente se trata de la más difícil para muchas de nosotras, en especial si sufrimos algunos de los múltiples y molestos síntomas premenstruales. De hecho, podríamos definirla como la fase que causa un mayor impacto en nuestra vida laboral, nuestras relaciones y el modo en que percibimos quiénes somos y qué estamos haciendo.

Existen muchas ideas diferentes sobre las causas del SPM (síndrome premenstrual), y para algunas mujeres los síntomas que padecen mensualmente son tan molestos que, desde luego, no es mi intención trivializar sobre sus experiencias. El plan que presenta este libro puede ser utilizado junto con cualquier otro tratamiento o propuesta, y el hecho de crear los Diagramas cíclicos personalizados que proponemos en el capítulo 10 puede contribuir a identificar en qué momento surgen los síntomas y cómo les afectan.

«(Día 26. Fase Creativa.) Necesito más tiempo para dormir y menos para exquiteces sociales. Soy objetivamente capaz de deshacerme de lo que no funciona y también me muestro sensible a las críticas y el juicio ajeno. No tengo creatividad ni sensación de éxito.»

DÉBORAH, asistente de estilista en una firma de alta costura, Francia

La fase Creativa puede resultar la más complicada, algunos meses más que otros. Es posible que experimentemos una gradual disminución de nuestra resistencia física y habilidad mental, además de un aumento de la tensión física, la frustración y la agresividad, todo ello combinado con una sensibilidad extrema y cambios de humor, emociones abrumadoras y sentimientos sumamente profundos.

También es probable que a las personas que nos rodean les resulte difícil protegerse de nuestra inquietud, ataques de ansiedad y culpabilidad, sin olvidar nuestro gradual retiro a nuestro reino subconsciente interior.

¿Que si me gustaría dejar de experimentar esta fase Creativa? ¡No! ¿Y por qué? Porque me ofrece capacidades y oportunidades de las que no dispongo en otros momentos, como destellos de brillante visión y conciencia, además de la ocasión de aligerar mi carga emocional y descubrir qué es lo que verdaderamente me importa.

Algunos meses, como le sucede a todo el mundo, espero desesperadamente que las hormonas cambien; pero lo cierto es que se trata de períodos en los que no estoy prestando atención a mi cuerpo ni dedicándome a las necesidades de mi subconsciente.

GENERALIDADES SOBRE LA FASE CREATIVA

La fase Creativa sigue a la Expresiva con un gradual descenso en los niveles de energía física y resistencia, capacidad de concentración y memoria. Cuanto más nos acercamos al comienzo de la fase Reflexiva, más obvia se torna esta caída.

La fase Expresiva se centra en el mundo exterior, una característica que en el comienzo de la fase Creativa todavía podemos apreciar.

Pero a medida que pasan los días nuestro mundo interior se vuelve más impactante, ya que nuestro subconsciente se acerca cada vez más a nuestra conciencia, aportándonos destellos de inspiración y sacando a la luz cuestiones emocionales no resueltas o acuciantes. También es posible que experimentemos un fuerte impulso de entrar en acción, efectuar cambios, poner las cosas «en orden» y crear.

Según se reducen nuestras energías físicas y caen nuestros niveles de concentración mental, disminuye también la posibilidad de actuar productivamente en relación con los impulsos antedichos, razón por la cual sentimos frustración, ira e irritación.

> «(Fase Creativa.) Suelo tener más energía durante esta fase y mi actividad física crece de manera evidente. […] También suelo sentir el impulso de ordenar archivos o armarios, o de dedicarle a la casa una buena limpieza. […] Por lo general me siento demasiado impaciente como para concretar ninguna idea, pero sí apunto algunas para ponerlas en práctica más adelante.»
>
> YASSMIN, asistente legal, Reino Unido

La fase Creativa puede ser comparada a una montaña rusa de «ataques» de acción física, creatividad y agresión combinados con ganas de llorar, sensibilidad emocional y carencia, pensamientos e imágenes negativas y una mayor necesidad de descanso.

Podemos notar que nos resulta bastante difícil pensar de forma estructurada, pero al mismo tiempo somos más capaces de intuir cosas y sacar ideas, conceptos y conexiones de la nada.

Resumida de esta manera, la fase Creativa suena bastante extrema, pero en realidad nos ofrece algunas experiencias y aptitudes maravillosas, positivas y de gran poder. De hecho, durante esta fase tenemos la oportunidad de combinar profundos niveles de conciencia con la acción necesaria para crear, sanar, generar un nuevo orden y cruzar los umbrales del pensamiento antiguo.

El cerebro en la fase Creativa

Una de las más sorprendentes habilidades que pueden surgir cuando la fase Creativa se va convirtiendo en Reflexiva es la de meditar. Dado que enseño sanación y meditación, me ha resultado evidente que las mujeres somos capaces de alcanzar niveles profundos de meditación con facilidad a medida que nos aproximamos al final de nuestra fase Creativa. De hecho, para algunas de nosotras la experiencia puede llegar a parecerse a una meditación en estado de vigilia.

En mi primer libro, *Luna roja*, definí esta experiencia como la sensación de encontrarse «entre dos mundos», ya que a pesar de ser capaces de actuar conscientemente en el mundo exterior, nuestra percepción y conciencia de nosotras mismas se dirige a nuestro interior.

Un artículo del Dr. David Noton titulado SPM, EEG *y estimulación fótica*, publicado en el Diario de Neuroterapia en 1977, explica:

> «Un estudio con EEG de seis mujeres con SPM demostró que cuando éstas se encontraban en la fase premenstrual, sus electroencefalogramas mostraban una actividad más lenta (delta) [...].»

Las ondas delta son ondas cerebrales que se producen cuando pasamos del descanso con actividad onírica al sueño profundo. Los meditadores avanzados son capaces de entrenar sus cerebros para producir ondas delta sin estar dormidos y experimentan una profunda sensación de paz, unidad y tranquilidad. Por desgracia, el Dr. Noton continúa:

> «Se concluye entonces que el SPM pertenece a un grupo de trastornos caracterizados por un exceso de actividad cerebral lenta.»

Lo que Noton no ha tenido en cuenta es algo muy profundo y crucial. Las mujeres, durante ese período, experimentamos un estado natural de meditación profunda.

> «Creo que comienzo esta fase (Creativa) bastante centrada y luego entro en un estado de emotividad y soledad.»
>
> NATASHA, auxiliar de biblioteca, Reino Unido

Resulta interesante comprobar que si buscamos información en Internet sobre el ciclo menstrual y las ondas cerebrales, en lugar de una plétora de investigación médica que sustente la idea de que el pensamiento femenino cambia, lo que descubrimos es un gran número de páginas web que venden CD de frecuencias sonoras capaces de inducir ondas cerebrales específicas que favorecen la meditación profunda, incluidas las ondas delta.

Durante nuestro ciclo mensual las mujeres contamos con la habilidad natural de alcanzar niveles profundos de meditación que nos aportan una gran relajación restauradora que cualquier hombre que medite anhelaría alcanzar. ¡Y es gratis! También tenemos fácil acceso a la parte de nuestro cerebro que almacena todo aquello que experimentamos, que tiene una mayor percepción del mundo que nos rodea, que percibe claramente vínculos y sincronicidades, y que nos conecta con todo lo que nos circunda y nos aporta una sensación de unidad.

La verdad es que cuesta interpretar la oportunidad antes descrita como un «trastorno»; sin embargo, este artículo resulta positivo en el sentido de que presenta una investigación que demuestra que la mujer en realidad piensa diferente y con un patrón de ondas cerebrales distinto dependiendo de en qué momento de su ciclo se encuentre.

Dentro de nuestro ciclo mensual podemos experimentar profundos niveles de meditación y relajación restauradora de forma completamente natural.

Otro intrigante impacto de nuestro cambiante estado cerebral durante la fase Creativa tiene que ver con nuestra coordinación y conciencia espacial. Muchas mujeres se sienten «patosas» durante este período, pero notan mucho menos sus picos de coordinación y destreza propias de una supermujer.

Una forma de experimentar este superpoder es practicar deporte durante la parte más activa de nuestra fase Creativa, ¡a pesar de que no deberíamos confiar en nuestro vigor para ganar! El único período en que consigo vencer a mi marido en cualquier deporte es mi fase Creativa. Lo único que necesito es dejar de pensar de forma consciente sobre lo que debo hacer a continuación y el golpe fluye, o me las ingenio para realizar una devolución «imposible» gracias a mis increíbles reflejos. Por desgracia, este lapso tan coordinado no dura mucho. Por eso cuando intento coger algo de una estantería y lo tiro, sé que se me ha pasado la racha ganadora.

LA FASE CREATIVA Y EL PODER DEL CACHORRILLO

La fase Creativa no tiene ese nombre porque si. El subconsciente posee una poderosa capacidad de imaginar, extrapolar y crear realidad. Podemos pedirle que nos muestre el futuro proyectado a partir de una idea o pensamiento, o bien solicitarle que extrapole y cree diversas formas de alcanzar un objetivo o solucionar un problema.

Cuentan que mientras Einstein dormía, encontraba la respuesta a los problemas con los que estaba trabajando. En la fase Creativa disponemos de la magnífica oportunidad de acceder activamente a este mismo estado cerebral durante el día para solucionar todos nuestros problemas. ¿A que es increíble?

Durante la fase Creativa aumenta nuestra habilidad para acceder de forma inmediata a la información procesada fuera de nuestro consciente. Eso significa que lo que hemos almacenado en nuestro subconsciente nos resulta mucho más asequible, lo que aumenta la posibilidad de que experimentemos «brotes» creativos y cambios repentinos de percepción y comprensión.

Podríamos establecer una comparación entre el subconsciente y un cachorrillo muy vivaz que está dispuesto a hacer lo que sea con tal de complacernos. Si le lanzamos un balón correrá tras él para traérnoslo de vuelta, posiblemente junto a cualquier otro balón que encuentre en el camino. Si le lanzamos un palo, en poco tiempo tendremos una enorme montaña de palos a nuestros pies.

> **Nuestro subconsciente es comparable a un cachorrillo lleno de vitalidad que desea hacer cualquier cosa por complacernos.**

Así que deberíamos contar con este animalito y utilizarlo de forma positiva todos los días. Deliberadamente podemos animarle a que eche a correr en una dirección particular y nos traiga lo que le hemos pedido. Por ejemplo, podemos insertar en nuestro subconsciente una serie de pensamientos sobre cosas en las que queremos avanzar. Podríamos pensar en un proyecto que necesita cierto toque de inspiración o de perspicacia, o bien en un concepto o relación que deseamos comprender o explorar más en detalle, o simplemente desear tener una gran idea sobre algo.

A modo de ejemplo, te cuento que cuando trabajaba como ilustradora me encargaron que dibujara varios insectos que viven entre los ladrillos para un libro de historia natural dirigido a los niños. No sé tú, pero por lo general yo no presto mucha atención a los ladrillos, así que pedí a mi mente cachorrillo que fuese a traerme algunos. Y así fue que durante el período previo a comenzar a pintar, allí donde iba me fijaba en los ladrillos: su color y textura, sus tamaños y tipo de mortero, y la manera en que las plantas crecían entre ellos. Mi mente cachorrillo me estaba trayendo exactamente la información que le había pedido. Dos días después de pintar las ilustraciones y enviarlas a los editores seguía fijándome en los ladrillos, ¡porque había olvidado pedirle a mi mascota que dejara de traérmelos!

La capacidad de nuestro perrito de ir en busca de algo y traérnoslo nos permite aumentar súbitamente nuestra conciencia y comprensión, así como producir soluciones ingeniosas e ideas inspiradas. Nuestra mente cachorrillo es capaz de:

— hurgar entre toda la información inconsciente que guardamos;
— encontrar conexiones que habíamos sido incapaces de formular de forma consciente;
— descubrir esquemas básicos detrás de los detalles;
— señalar la información relevante, las oportunidades y las coincidencias que nos rodean en todo momento.

¿Cómo usamos entonces este «poder del cachorrillo»? No existe un modo específico de activar esta habilidad; solo hay que prestar atención a la información o solución que quisiéramos conseguir, o a la situación y el resultado que nos gustaría generar.

Esto no significa que debamos preocuparnos, sino en realidad soñar despiertas sabiendo que estamos preparadas para recibir ideas y soluciones, oportunidades y acontecimientos sincrónicos. Es improbable que la respuesta nos llegue de inmediato, porque el perrito necesita tiempo para buscar, ¡no lo olvides! Para plantearlo en términos de metáfora informática, piensa que se trata del reloj de arena que aparece en el ordenador mientras éste procesa algún dato.

Las respuestas, soluciones o una nueva forma de interpretar un proyecto pueden «venir» a nuestra mente en cualquier momento y lugar, razón por la cual es importante que siempre dispongamos de un cuaderno y un bolígrafo para apuntarlas. En efecto, una vez que el perrito deja algo a nuestros pies, en realidad no disponemos de mucho tiempo para registrarlo porque probablemente el cachorro saldrá a buscar otra cosa de inmediato, y nosotras nos exponemos a perder rápidamente la idea inspirada junto con las palabras e imágenes que la comunicaban de forma efectiva, en especial si nos encontramos cerca del final de la fase Creativa. De ahí la necesidad de apuntarlo todo.

Por desgracia son pocos los empleos que ofrecen períodos tranquilos para dedicar al pensamiento creativo. Sin embargo, la fase Creativa se convierte en una de las etapas más poderosamente creativas de las mujeres, un recurso que no se utiliza ni controla en absoluto. Hasta que las empresas nos permitan dedicar tiempo al pensamiento creativo, debemos aferrarnos a los pocos momentos de este tipo que nos surjan —como por ejemplo, una caminata a la hora del almuerzo o cinco minutos en el servicio— para indagar en el subconsciente y pedir a nuestra mente cachorrillo que salga en busca de lo que necesitamos. ¡No debemos desperdiciar esta valiosa fase, ni tampoco su inspiración!

Cómo utilizar la fase Creativa para crear nuestra realidad

También podemos avanzar un poco más gracias a las habilidades que se potencian en nuestra fase Creativa y utilizarlas para crear la realidad que deseamos. De hecho, si en el transcurso de esta fase nos centramos en los detalles de lo que queremos, crearemos una poderosa herramienta para conseguirlo.

En *Write it Down, Make it Happen*, Henrietta Klauser sugiere que al apuntar nuestros deseos activamos la parte del cerebro que se dedica a procesar información con el fin de que empiece a reconocer las oportunidades que nos rodean. La autora señala que la simple tarea de utilizar nuestra imaginación para visualizar nuestros objetivos y escribirlos nos concede el poder de hacerlos realidad.

Obviamente, durante todo el mes podemos recurrir a ésta técnica y otros métodos, como los mencionados en *The Secret*, de

Rhonda Byrne, y *The Cosmic Ordering Service*, de Barbel Mohr; pero el simple hecho de aplicar algunos de ellos en la fase Creativa concretamente puede concederles mucho más impacto y poder.

Una de las técnicas más recomendadas para provocar cambios en nuestra vida es la de las afirmaciones positivas. Se trata de una reconocida técnica de autodesarrollo que consiste en cambiar nuestros pensamientos mediante la repetición de frases positivas. Cabría esperar que la fase Creativa fuese el Momento óptimo para enviar a nuestra mente cachorrillo a buscar lo que necesitamos para sustentar estos pensamientos positivos sobre nosotras mismas, pero las cosas no funcionan así. Si en la fase Creativa intentamos enviar a nuestro perrito tras un pensamiento como «soy una triunfadora y todo lo que hago aumenta mi éxito», lo que al parecer acaba trayéndonos es un «No hablas en serio, ¿verdad?».

Por eso en lugar de traernos pensamientos, recuerdos y puntos de vista positivos que respalden el pensamiento, el perrito nos planta cincuenta razones, recuerdos y certezas difíciles de eliminar que nos explican por qué la frase es falsa. En esta situación la mente cachorrillo nos está trayendo todos los pensamientos y recuerdos que se almacenan en nuestra biblioteca subconsciente y que se oponen a la nueva forma de pensamiento que intentamos establecer, por lo que debemos aceptarlos y desecharlos antes de poder efectuar cambio alguno.

Este ejemplo demuestra que algunas técnicas de autodesarrollo pueden no dar los mismos resultados en las mujeres que en los hombres a lo largo del mes. En el caso de las afirmaciones positivas, el resultado puede en realidad generar un efecto negativo o abrumador si la fase no es comprendida adecuadamente.

Es importante, en consecuencia, que estudiemos la forma de aplicar las técnicas de autodesarrollo y cambio de estilo de vida en relación con las fases de nuestro ciclo menstrual. Cualquier fallo podría deberse a que la técnica o el cambio están siendo implementados en la fase equivocada y no a la técnica en sí, por lo cual resulta mucho más productivo y eficaz que las mujeres recurran a las afirmaciones positivas durante sus fases Dinámica y Expresiva.

> **Tus fases pueden hacer mella en las técnicas de autodesarrollo, así que utiliza aquellos métodos que resulten más adecuados para la fase en la que te encuentras, en lugar de aplicar un mismo procedimiento durante todo el mes.**

LA FASE CREATIVA Y CÓMO COMPRENDERNOS A NOSOTRAS MISMAS

Nuestra manera de conectar con el subconsciente en la fase Creativa no es unidireccional en el sentido de que «nosotras» accedemos a «él» y punto. Nuestro subconsciente también afecta a nuestro pensamiento cotidiano. Y este aspecto de la fase Creativa puede ejercer una enorme influencia sobre nuestros pensamientos, emociones, estados de ánimo y comportamiento, así como en nuestra capacidad para alcanzar el éxito y la eficacia laboral que deseamos.

No es raro que notemos que ciertas circunstancias que nos resultan aceptables durante el resto del mes de repente se vuelven intolerables y disparen arrebatos emocionales durante la fase Creativa. En tales situaciones nuestro subconsciente actúa como un gran cartel de neón que nos indica que hay algún aspecto de nosotras mismas que necesitamos elaborar.

Observa que he dicho «aspecto de nosotras mismas». Todo lo que sucede durante la fase Creativa tiene que ver exclusivamente con nosotras, y no con otra persona ni situación. No es el momento de sentarnos a resolver los problemas de relación que podamos tener en el trabajo o en casa, sino de sentarnos tranquilamente, mirar hacia dentro y descubrir la causa subyacente de nuestras reacciones. Es el momento de ser realmente sinceras con nosotras mismas, porque disponemos de la oportunidad única de indagar en nuestros más profundos patrones de miedo, deseo y necesidad, y también de comprender, aceptar y sanar aspectos difíciles de nuestra personalidad. Además podemos identificar qué nos falta en nuestra vida actual para sentirnos seguras y satisfechas, y aplicar este conocimiento durante la fase Dinámica.

> **La fase Creativa nos ofrece la oportunidad de comprender, aceptar y sanar nuestros más profundos patrones de miedo, deseo y necesidad.**

La fase Creativa puede resultar sumamente emotiva, y esas emociones suelen desatarse a partir de nuestra programación emocional, nuestros recuerdos y los aspectos que rechazamos de nosotras mismas y guardamos en la profundidad de nuestro subconsciente. Pero debemos reconocer estos patrones, aceptarlos y experimentarlos si deseamos dejarlos salir y mejorar nuestro bienestar y crecimiento personal.

Durante la fase Creativa nuestro subconsciente se vale tanto de su estrecha relación con nuestra mente consciente como de su poderosa habilidad para extrapolar y crear situaciones dramáticas y cargadas de emoción que acercan nuestras cuestiones más profundas a la atención de nuestra mente cotidiana.

Para darnos cuenta de qué manera se desarrollan nuestros pensamientos y emociones durante la fase Creativa, visualicemos una bola de nieve que cae rodando. Primero hemos hecho una bola de nieve en la cima de una montaña y la hemos colocado a nuestros pies. La bola representa nuestro pensamiento inicial. En una situación laboral sería: «¡Otra vez me ha negado un ascenso!».

Con este pensamiento en la cabeza, suavemente comenzamos a dar golpecitos a la bola para que ruede un poco. Con el siguiente pensamiento —«Le caigo fatal; jamás ha hecho un comentario positivo sobre mi trabajo»— la bola coge más nieve, más energía, y de repente, cuando comienza a caer por la ladera de la montaña, ya no podemos controlarla.

Seguimos pensando: «Soy un desastre. Llevo muchísimo tiempo sin un ascenso y sin que me acepten en ningún otro trabajo. Nunca consigo nada de lo que quiero…», e iniciamos una larga lista de recuerdos de nuestra vida laboral, nuestra vida familiar y nuestra infancia, todas las cuales sustentan ese pensamiento. Ahora la bola de nieve es enorme y se mueve a gran velocidad, arrasando con el resto de la nieve, las rocas, los árboles y el pobre esquiador con el que se ha cruzado. No hay forma de detenerla. Los pensamientos finales —«Soy una inútil, jamás conseguiré nada en la vida»— provocan que la avalancha se estrelle contra el pueblo que se alza en el valle.

Todos estos pensamientos son extrapolaciones creativas. Son mensajes, no realidad; pero emocionalmente ya hemos aceptado los pensamientos que estamos creando y actuamos a partir de ellos como si fuesen reales. Este ejemplo podría acabar con una situación de ira y la intención de «tener una larga charla» con el jefe, porque las emociones, los antiguos patrones y los recuerdos del pasado abruman nuestra capacidad de entrar en razones y afrontar nuestras relaciones.

La fase Creativa debe ser tomada en serio porque es fundamental para crear bienestar, felicidad y satisfacción. Contamos con dos alternativas a la hora de enfrentar la avalancha emocional: controlar nuestros pensamientos para salvar al pueblo que se alza en el valle o bien utilizar la experiencia para reducir la carga emocional de nuestro subconsciente y verla como una forma positiva y sustentadora de crecimiento y desarrollo personal.

Cualquiera que sea nuestra elección, debemos recordar que el disparador original ha surgido desde lo más profundo de nosotras como un mensaje dirigido a nuestra conciencia para advertirle que hay algo que tenemos que entender, experimentar y solucionar.

«¡NO PATEES LA BOLA DE NIEVE!»: PRIMERA ALTERNATIVA FRENTE A LAS AVALANCHAS EMOCIONALES

Esta primera posibilidad es un método de control de las situaciones. Suena fácil, pero a menos que leas esta sección durante tu fase Creativa no te darás cuenta realmente de su complejidad.

Puede resultar sumamente difícil dar un paso atrás y decirnos: «Es solo un pensamiento, no me lo voy a creer», en parte porque consideramos que nuestros pensamientos siempre son correctos, pero sobre todo porque aparecen tan rápidamente que reaccionamos ante ellos desde el punto de vista emocional antes incluso de darnos cuenta de que solo son eso: pensamientos. Pero ninguno de los que crean la avalancha tiene más verosimilitud que un pingüino rosa llamado Percy (¡seguro que ya te has hecho a la idea!).

Cuando entramos en la fase Creativa debemos tener muy claro que todo lo que pensamos en relación a nuestro empleo, objetivos, planes de vida, compañeros de trabajo, carrera, capacidad, logros y éxito personal está sujeto a la extrapolación subjetiva del subconsciente. Por ejemplo, éste no es un buen momento para reprender a un compañero de trabajo por un error, ya que nuestro subconsciente se valdrá de esa oportunidad para llamar nuestra atención convirtiéndolo en un drama desproporcionado.

> **Durante la fase Creativa debemos ser muy conscientes de que nuestros pensamientos están sujetos a la extrapolación creativa del subconsciente. Son un mensaje, no la realidad.**

La fase Creativa tampoco es el momento idóneo para tomar decisiones importantes como dejar un empleo o enfrentarse a un jefe o un cliente por una queja. Sin embargo, no debemos ignorar el mensaje escondido en nuestra reacción inicial; podría ser que el deseo de dejar nuestro trabajo se base en que nos sentimos poco reconocidas, creativas o fuertes desde el punto de vista laboral. Por eso tenemos que concedernos la posibilidad de analizar la situación durante la fase Reflexiva y entonces, si es necesario, entrar en acción en la fase Dinámica, cuando estemos menos expuestas a sentirlo todo desde un punto de vista tan emocional y podamos pensar de forma lógica. Es posible que tengamos que dejar el trabajo de todos modos, pero también podríamos encontrar otras formas de satisfacer nuestras necesidades laborales.

> **Nuestra fase Creativa es como un enorme cartel de neón, escrito por el subconsciente, que nos alerta de que algo se nos está escapando. Podemos ignorarlo, pero si lo hacemos nos perderemos una magnífica ocasión de sentirnos más felices y satisfechas en la vida.**

CRUZAR NUESTROS UMBRALES

La segunda alternativa para controlar la bola de nieve consiste en dejar que las cosas sucedan sin llevar a cabo ninguna acción extrema. Pero claro, se necesita valor para permitirnos experimentar todas las intensas emociones acumuladas detrás de los pensamientos y los recuerdos; podrían causarnos daño, hacernos llorar e impulsarnos a dejarlo todo de una vez.

Para experimentar la «avalancha» tenemos que contar con un lugar «seguro» en el que podamos pasar algún tiempo experimentando estas emociones sin que afecten a ninguna de las personas que nos rodean (léase el inocente esquiador y los habitantes del pueblo del valle).

El simple hecho de afrontar nuestros pensamientos y emociones y permitirles fluir puede resultar abrumador; en estos casos, el libro *The Sedona Method*, de Hale Dwoskin, se convierte en un excelente recurso para trabajar con los pensamientos negativos.

Disponemos también de otra manera de afrontar la fase Creativa, que tiene una gran repercusión sobre el autodesarrollo. En su libro titulado *Thresholds of the Mind*, Bill Harris expone la idea de que existe un umbral a partir del cual la mente humana comienza a abrumarse. El autor sugiere que cuando una situación resulta muy estresante recurrimos a distintos métodos para aliviar la tensión y de esa manera no sobrepasar el umbral antedicho. Seguramente habrás notado que solemos tomar ciertos alimentos «para consolarnos», bebemos más alcohol o participamos en diferentes actividades para aliviar nuestro estrés.

En opinión de Bill Harris, sin embargo, si permitimos que las experiencias nos abrumen, nuestra mente ya no será capaz de mantener los mismos patrones y creará otros nuevos, además de comportamientos diferentes. Por eso, cuanto más crucemos nuestros umbrales, mejor se adaptará nuestra mente para que cada uno de ellos se eleve cada vez más hasta prácticamente hacer desaparecer la sensación de agobio.

En la fase Creativa nuestro ciclo puede originar de forma natural una serie de oportunidades que nos ayudan a cruzar nuestros umbrales y dar un salto hacia adelante en lo que a nuestro crecimiento se refiere. Trabajar de esta forma requiere valor y fuerza de voluntad, además de mucho apoyo; no es algo que se deba poner en práctica a la ligera, así que si estás siguiendo alguna terapia, consulta primero a tu terapeuta. La idea es no alterar nuestra vida durante esta fase, sino aprender a aprovechar las oportunidades que nos ofrece nuestro ciclo para nuestro beneficio.

> «Ahora acepto y asumo las potentes energías de la premenstruación y la menstruación en lugar de luchar contra ellas y sentirme mal por no estar plena de energía y entusiasmo durante todo el mes. Amo y acepto mi naturaleza cíclica. Gracias, Miranda, por ayudarme a descubrirlo.»
>
> ZAHRA HAJI, directora y fundadora de Yoga Goddess, Canadá

La fase Creativa es claramente el Momento óptimo para trabajar con nuestro subconsciente en pos de nuestro crecimiento personal, puesto que nos ofrece la oportunidad de interactuar de forma consciente con nuestros hábitos emocionales o mentales, nuestros patrones, recuerdos y actitudes, y deshacernos de aquellos que no deseamos llevar con nosotras a la próxima etapa.

Qué afirmación tan poderosa. Esta fase nos confiere la fuerza necesaria para cambiar el «yo» con el que empezaremos el próximo mes. ¿Para qué trasladar hasta allí todo el «equipaje» emocional que hemos estado acumulando durante estos días? ¡El mes que viene podríamos conocer a la verdadera persona que se esconde bajo tantas maletas cargadas de emociones!

> **La fase Creativa nos ofrece la oportunidad de deshacernos de nuestro «equipaje» emocional y mental para que el mes que viene no tengamos que seguir cargando con él.**

El Momento óptimo de la fase Creativa

La fase Creativa nos ofrece una gran cantidad de habilidades magnificadas que pueden ayudarnos a mejorar nuestra vida, nuestra carrera y nuestro trabajo, además de impulsarnos a conseguir los objetivos que nos hemos planteado. Para tener la certeza de que estamos utilizando la fase de forma productiva necesitamos crear estrategias que nos aseguren que no nos perderemos ninguna de las aptitudes potenciadas con las que contamos ahora, y así mismo desarrollar tácticas para sacar adelante las tareas que no se nos dan demasiado bien.

La próxima sección ofrece algunas sugerencias y pautas sobre las acciones que pueden resultarte más beneficiosas durante la fase Creativa y que te ayudarán a aprovechar este período para fortalecerte. Leer esta sección durante la fase Creativa podría perfectamente desencadenar muchas más ideas, así que al final del capítulo encontrarás un espacio donde registrarlas.

HABILIDADES:

- Creatividad impulsada por el entusiasmo: ¡volcar la energía en cosas que inspiran y encienden el fuego interior!
- Escritura creativa y comunicación desde la pasión del corazón.
- Diseño promovido por el entusiasmo, y creación visual más imaginación.
- Creación de música desde el apasionamiento.
- Manifestación de nuestros objetivos y deseos más desenfrenados.
- Reconocimiento de las oportunidades ocultas y las sincronicidades que nos rodean.
- Desarrollo de nuevos conceptos a partir de poca información, y trabajo de *brainstorming* («tormenta de ideas»).
- Pensamiento brillante y desarrollo de conceptos creativos.
- Grandes avances en el campo del discernimiento.
- Concepción de ideas mágicamente, «de la nada».
- Comprensión intuitiva de teorías complejas.
- Creación de una estructura a partir de información amorfa.
- Intuición del esquema básico oculto tras una serie de detalles.
- Identificación y supresión de todo aquello que no funciona o se ha quedado anticuado.
- Detección de problemas e ineficacias.
- Limpieza para crear espacio y orden.
- Eliminación de la carga emocional, las viejas actitudes, los comportamientos mentales y los patrones estáticos con el objetivo de concebir un nuevo orden.
- Reconocimiento de lo que parece y se percibe como «correcto» con la finalidad de crear el efecto deseado.

Lo que no funciona demasiado bien:

- Comprender una cuestión lógica o pensar de una manera racional.
- Analizar problemas con otras personas.
- Empatizar.
- Trabajar en equipo.
- Iniciar nuevos proyectos, estilos de vida o regímenes.
- Aprender, pensar o planificar de forma estructurada.
- Exponer afirmaciones positivas sobre ti y tu vida.
- Intentar corregir algo de ti o de tus relaciones.

Cuidado con:

- Los cambios de humor.
- Los episodios de irritabilidad e intolerancia, y luego los accesos de llanto y el grado extremo de empatía y sensibilidad emocional.
- La sensibilidad excesiva a las críticas.
- Las dificultades a la hora de ser objetiva sobre informaciones, tareas, situaciones y personas.
- La necesidad de estar en lo cierto y que los demás te lo confirmen.
- La tendencia a extrapolar y «crear» situaciones más allá de lo razonable.
- Las acciones típicas de una «reina del drama».
- La actitud crítica que refleja una severa autocrítica interna.
- La agresión y la ansiedad basadas en miedos profundamente arraigados.
- La mala memoria.
- Los períodos de energía mental, emocional y física sumamente activa y exaltada y los momentos de energía lenta y perezosa.

- Los períodos de hipoglucemia.
- La gran probabilidad de que cambies tu aspecto físico durante esta fase.
- No esperar que los demás sepan cómo lidiar contigo. Si lo sabes, dales algunas pautas y mantenles actualizados si hay cambios.
- La falta de paciencia y tolerancia; esperar que las cosas se concreten de inmediato.
- La creencia de que los demás saben lo que necesitas.

ESTRATEGIAS PARA LA FASE CREATIVA:

Físicas

- Disfruta de «siestas reparadoras» o haz pausas para meditar durante el día, en especial hacia el final de la fase.
- Duerme más cuando la fase esté próxima a finalizar y cambia tu forma de vida para permitírtelo. Ya te pondrás al día socialmente durante las fases Dinámica y Expresiva.
- Dobla la ración de cafeína solo cuando sea necesario. En este período tu cuerpo necesita ir más despacio, así que respétalo.
- Toma alimentos sanos para mantener estables tus niveles de azúcar.
- Realiza ejercicio que te ayude a liberar la frustración y el estrés físico.
- Olvídate de los objetivos que te planteaste para el gimnasio.
- Cuando te sientas con energía física, disfruta de tu mayor coordinación intuitiva y destaca en el deporte que prefieras.

Emocionales

- Dedica parte de tu tiempo a preguntar a tu subconsciente qué necesita que sientas, reconozcas, dejes salir o hagas.
- Busca tiempo para experimentar y dejar atrás tus antiguos patrones emocionales y pensamientos.
- Apunta tus emociones, sueños y deseos.
- Reconoce y siente cualquier emoción en cuanto surja. Intenta no suprimirla ni actuar en función de ella. Tampoco la incrementes agregándole pensamientos, recuerdos o imágenes; simplemente mantén el pensamiento original (en otras palabras, ¡no patees la bola de nieve!).
- Comprométete a utilizar esta fase como un período de crecimiento emocional y cambio positivo.
- Para sentirte mejor, pon en funcionamiento tus energías creativas. No importa lo que hagas; ¡simplemente diviértete!
- Acepta tus emociones y pensamientos como mensajes de tu subconsciente y no como la realidad.
- No creas en tus pensamientos negativos, en especial aquellos que se refieren a ti misma.
- Evita tomar decisiones importantes; no entres en acción hasta que inicies la fase Dinámica.
- Evita las discusiones y las confrontaciones; déjalas para las fases Dinámica o Expresiva.
- No te preocupes si no puedes hacer cosas con normalidad. Éste no es un estado permanente; pasará.
- No te alejes del «ahora»: ignora el pasado y el futuro.
- Rehúye concentrarte en varias cosas a la vez para evitar el pánico y la frustración.
- Ocúpate de tus propias necesidades y no te enfades si otras personas no consiguen satisfacerlas.
- Evita a las personas negativas, depresivas o demandantes.
- Disfruta de tu aptitud para el pensamiento original y dirígelo a producir soluciones positivas e ideas magníficas.

- Diviértete lanzándole el balón a tu «mente cachorrillo» mientras sales a dar un paseo o te quedas cinco minutos más en la cama.
- Apunta en un cuaderno las ideas inspiradoras que te aporte tu «mente cachorrillo»... y todo lo demás que necesites si te falla la memoria.
- Aplica tus superpoderes de razonamiento para el bien y céntrate en proyectos que realmente requieran un análisis crítico, ¡pero no te fustigues a ti misma ni a tus compañeros de trabajo!
- Sé flexible. Haz cosas cuando dispongas de energía para dedicarles y no las pospongas, porque tal vez más tarde no cuentes con suficiente fuerza física o mental.
- Tómate un respiro para prestar atención a tus necesidades internas. ¿En qué aspectos no te satisface tu trabajo?
- Analiza de forma crítica tu lista de «deberes» y tacha todo aquello que no merezca la pena hacer, o que te exija una cantidad de tiempo del que nunca dispondrás.
- Centra tus inquietas energías de forma productiva y limpia tu zona de trabajo. ¿De cuántos de los objetos que te rodean puedes prescindir?
- Observa qué cosas te resultan ineficaces y crea nuevas estructuras y formas de organizarte. Recuerda que éste es también un signo externo que refleja tu necesidad de limpiarte interiormente.
- Cree solo en los pensamientos que desprendan entusiasmo y energía.
- Trabaja con tus procesos de pensamiento. Céntrate en maneras de hacer mejor las cosas, de forma más económica o eficaz.
- El hecho de que debas llevar a cabo una tarea que no resulta adecuada para tu Momento óptimo no significa que no estés capacitada para hacerla. Simplemente es posible que no alcances tus más elevados niveles de expectativas.

- No te sientas culpable por no estar trabajando tan duramente como los demás. Estás trabajando con una capacidad diferente, y siempre podrás ponerte al día durante la fase Dinámica.
- Pide ayuda y apoyo a otras personas cuando tengas que dedicarte a actividades que no se ajusten a tu Momento óptimo, en especial si no consigues ser objetiva acerca de tu trabajo.
- Procura aprovechar este período para realizar aquellas tareas que mejor se ajusten a tus habilidades actuales. Ya harás todas las demás durante la fase Dinámica.
- Aplica diferentes métodos y enfoques para aprender y comprender conceptos; en otras palabras: aprende a través de la observación.
- Dedicarte a aquellas cosas que satisfagan tus necesidades y habilidades actuales te provocará menos estrés y frustración e incrementará tu seguridad personal y autoestima.
- Intenta concentrarte en cada una de las tareas que tengas pendientes; es posible que en este período no se te dé bien hacer muchas cosas a la vez.
- Pospón las negociaciones o déjaselas a otras personas. Posiblemente no destaques en tus aptitudes diplomáticas.
- Ten cuidado con tus relaciones: es posible que seas demasiado directa y carezcas de paciencia y empatía.
- No participes en rencillas o quejas: podrían alcanzar dimensiones desproporcionadas.
- Deja la socialización y los contactos para las fases Dinámica y Expresiva.
- Utiliza las técnicas de control del tiempo para dar prioridad a ciertas tareas, evitar el estrés de las fechas de entrega y sacar el máximo provecho de cualquier arrebato de energía que experimentes.
- Facilita y aporta mayor productividad a tus relaciones ofreciendo a quienes te rodean algunas pautas sobre cómo in-

teractuar contigo. Así podrán entenderte y no te etiquetarán de «temperamental».

CONSECUCIÓN DE OBJETIVOS:

- Aprovecha esta fase para descubrir qué piensas sobre tus objetivos y qué patrones impiden que los alcances.
- Elimina aquellas acciones y proyectos que no han funcionado, no han causado el impacto necesario o no han producido los resultados que deseabas.
- Realiza pequeñas modificaciones, pero no cambies tu principal objetivo.
- No compares tu progreso y logros con los de otra persona.
- No hagas planes de futuro basándote en tus sentimientos actuales; simplemente intenta descubrir la razón por la que te sientes así.
- Pide a tu subconsciente que te aporte ideas sobre qué hacer a continuación y te sugiera soluciones a problemas y retos. ¡Si no utilizas este recurso, perderás la información!
- Legitima lo que eres y lo que estás haciendo con tu vida.
- ¡En este período no hay dieta que subsista! Por eso, y dado que notarás que tu cuerpo naturalmente deseará comer menos durante la fase Reflexiva, retoma tu dieta más adelante, valiéndote de la motivación de la fase Dinámica.

EL RETO:

- Ceder a todos los niveles.
- Dejar de lado aquellos miedos que generan la necesidad de controlar.
- Aceptar y no «arreglar» nada, en especial en relación con tu propia persona o tu pareja.

- Sentirte cómoda con tu vulnerabilidad.
- Amarte tal como eres.

TUS IDEAS SOBRE ACTIVIDADES PARA LA FASE CREATIVA:

Capítulo 5

SACA PARTIDO AL MOMENTO DE LA FASE REFLEXIVA

Para algunas mujeres la transición física desde la fase Creativa a la Reflexiva resulta sencilla. Para otras, entre las que me incluyo, puede suponer retorcerse en el cuarto de baño a las cuatro de la madrugada esperando que los calmantes consigan aliviar los dolorosos espasmos.

El aspecto físico del comienzo de la menstruación puede ser difícil, pero el cambio hormonal trae aparejada una excitante nueva perspectiva y una reluciente forma de pensar acerca del mundo y de nosotras mismas. El hecho de que la frenética energía de la fase Creativa haya mudado en un período de profunda relajación, tranquilidad y paz, conexión y bienestar, se convierte de pronto en un esperado alivio.

La fase Reflexiva es posiblemente la herramienta catalítica más profunda con la que contamos para cambiar acciones y objetivos, modificar nuestra relación con nosotras mismas y profundizar en nuestro nivel de conexión, experiencia y comprensión del universo y el lugar que ocupamos en él.

> «Durante el período menstrual me sumerjo en un profundo estado de introspección. Es entonces cuando llega mi momento de recopilar ideas y visiones, que implemento durante el resto del mes.»
>
> DeAnna, oradora, educadora y formadora, Estados Unidos

Para utilizar esta herramienta de forma activa necesitamos, en primer lugar, reducir la velocidad. Debemos aceptar que durante unos días no podremos seguir el ritmo del mundo y que tenemos que dejar espacio a las habilidades propias de la fase Reflexiva.

Para muchas mujeres, los síntomas físicos y las presiones laborales pueden convertir estos días en una etapa problemática del mes, pero no debemos olvidar que precisamente esta fase incluye una serie de habilidades y Momentos óptimos que podemos aprovechar para fomentar nuestro bienestar, aceptación y cambio.

GENERALIDADES SOBRE LA FASE REFLEXIVA

La fase Reflexiva comienza aproximadamente cuando se inicia la menstruación y puede durar toda una semana o solo un par de días, dependiendo de la mujer. Así como la fase Creativa se convierte en un momento idóneo para desacelerarnos, durante la Reflexiva debemos detenernos, puesto que se trata de un período en el que nuestro cuerpo exige descanso para que recuperemos y renovemos todas las energías que tendremos que emplear nuevamente con el nacimiento de un nuevo ciclo, durante la próxima fase Dinámica.

Nos retiramos de forma natural del mundo social y necesitamos la tranquilidad de un lugar seguro para doblar nuestro cuerpo en dos y dejar las responsabilidades, exigencias y tareas pendientes para más tarde. En esta fase no solo disminuye nuestra velocidad física, sino también la mental y la emocional. Nuestra conciencia se vuelve hacia nuestro interior y crecen nuestros pensamientos y sentimientos intuitivos mientras nuestra conexión con nuestro subconsciente se fortalece al máximo.

Durante la fase Reflexiva nos plantamos en nuestro mundo interior, exactamente frente a la conciencia del mundo exterior típica de la fase Expresiva (véase figura 3 en capítulo 3). Nos encontramos en el hilo más bajo de la red, ese momento de quietud previo al instante en que las aguas comienzan a moverse de nuevo, ganando ímpetu gracias a la marea entrante.

En este delicioso instante de quietud y descanso, la fase Reflexiva nos brinda la posibilidad de olvidarnos de nuestras preocupaciones y temores, simplemente porque no contamos con energía para ocuparnos de ellos. Esta experiencia de profunda tranquilidad resulta seductora y necesaria, y cuando intentamos pasarla por alto recurriendo a la fuerza de voluntad y a la cafeína, reaccionamos a las exigencias cotidianas con irritabilidad, frustración e ira. No debemos olvidar que para recuperar la activa energía de la fase Dinámica necesitamos descanso y quietud, ya que solo a través de ellos podremos recuperarnos y reagruparnos.

La fase Reflexiva podría ser descrita como una meditación «viva». En cuanto mencionamos el término «meditación» tendemos a pensar en alguien que contempla una vela durante horas, en una mujer que mantiene el equilibrio en una extrema posición de yoga o en la mirada profundamente enigmática de una estatua de Buda. Para la mayoría de nosotras, estas imágenes distan tanto de nuestra cotidiana confusión interior que pensamos que nunca podríamos alcanzar ese nivel. Sin embargo, la fase Reflexiva encierra un sorprendente don. Sin lugar a dudas, la meditación no es algo que necesitemos hacer, ¡sino algo que somos!

> **Durante la fase Reflexiva la meditación no es algo que hacemos, sino algo que somos.**

En el transcurso de la fase Reflexiva alcanzamos de forma natural profundos niveles de relajación física y mental. Así que en lugar de rechazar la experiencia podríamos simplemente disfrutar de nuestra capacidad innata para distendernos y dejar a un lado nuestro ego, beneficiándonos tanto del alivio del estrés como del bienestar que nos regala la meditación.

La fase Reflexiva es también el Momento óptimo para hacer

un repaso de nuestra vida y objetivos, y comprobar si todavía mantienen relación con quienes somos y lo que deseamos alcanzar. La «observación» durante esta fase no es un proceso analítico; por el contrario, se basa en nuestros sentimientos e intuición. Podemos comprobar, por ejemplo, qué tal nos sientan distintas ideas, proyectos, planes y sueños para ayudar a nuestro subconsciente a aceptar cualquier cambio que deseemos hacer y adaptarse a la nueva circunstancia.

También conseguimos identificar y reconocer mejor nuestras necesidades más profundas sin juzgarnos ni criticarnos.

La fase Reflexiva es la más propicia para conectar con nuestro auténtico ser, con el aspecto de nosotras mismas que se esconde bajo nuestros patrones emocionales y mentales, y sacar provecho de la guía que nos ofrece para modelar nuestra vida durante el próximo mes.

EL IMPACTO DE LA FASE REFLEXIVA

Con todas las exigencias que nos imponemos y las expectativas de nuestro entorno laboral, rara vez nos permitimos el lujo de relajarnos y ser fieles a nosotras mismas durante esta fase. Por lo general, lo que nos mantiene activas son las dosis extra de café, junto con nuestra implacable determinación mental. Sin embargo, imagina cómo te sentirías sin dormir y viviendo a base de cafeína durante varios días. Desde luego, no estarías aprovechando al máximo tu potencial.

> «(Fase Reflexiva.) Estos días me noto desconcentrada. Por lo general soy muy feliz con mi vida y tengo una actitud filosófica. También me siento particularmente femenina mientras estoy menstruando, y tiendo más a vestir faldas que pantalones. Incluso empiezo a cuidar más mis plantas o a cocinar con mayor frecuencia.»
>
> YASSMIN, asistente legal,
> Reino Unido

Cada mes, cuando nos empeñamos en «seguir adelante», nos estamos negando el descanso que nuestro ciclo, mente y cuerpo necesitan para renovarse. Nos alejamos no solo de nuestra capacidad natural para recuperarnos, sino también de nuestra habilidad para permitir que nuestra inspiración nos haga comprender, nos inspire y nos guíe.

Nuestra necesidad natural para ensimismarnos, nutrirnos y restablecernos afecta a todos los aspectos de nuestra vida, seamos conscientes de ello o no. Y en nuestro lugar de trabajo simplemente no podemos «seguir adelante»: tenemos que tomarnos un tiempo de descanso. Por desgracia, este hecho afecta negativamente a la imagen de la mujer como empleada valiosa, comprometida con su empleo y fiable, y desde luego sus ingresos se ven perjudicados.

Un informe titulado *Biological Gender Differences, Absenteesim and the Earning Gap*, de Andrea Ichino y Enrico Moretti (NBER Working Paper n.º 12369, julio 2006), asegura:

> [...] deja en evidencia que el ciclo menstrual incrementa el absentismo femenino. Las bajas durante el ciclo de 28 días explican una significativa fracción de la brecha de absentismo entre hombres y mujeres.
>
> [...] Finalmente calculamos la relación precio-ganancia asociada a la menstruación, y observamos que el elevado absentismo femenino inducido por el ciclo de 28 días explica el 11,8% del diferencial de ingresos entre ambos géneros.

Este informe revela que a la hora de demostrar lo que vale un empleado y calcular por consiguiente su remuneración, el mundo empresarial se centra más en la **asistencia al lugar de trabajo** que en la **productividad**.

Desde esa perspectiva podríamos deducir que la fase Reflexiva ejerce un papel perjudicial en la vida laboral de la mujer. ¿Pero qué sucedería si el mundo empresarial se centrara más en la productividad y concediera a las mujeres tres días de baja pagados cada mes, alrededor del inicio de su menstruación, y exigiera más horas de trabajo con posterioridad? Los argumentos obvios en contra de esta idea es que no funcionaría; que la productividad sufriría y que sería injusto para los hombres trabajadores. Sin embargo, una vez que las mujeres recuperaran su vigor y energía podrían incrementar la productividad más allá de las expectativas empresariales y convertirse en un recurso de inspiración, creatividad y visión en una época en la que las empresas necesitan ser creativas y flexibles para mantenerse en el negocio.

Esta idea no implica que las mujeres no seamos iguales a los hombres, sino que tenemos características diferentes y que el entorno laboral masculino puede restringir el potencial de nuestras habilidades y talento. Muchas compañías ofrecen a sus empleados «salir a fumar / tomar café», dando por sentado que recuperarán ese tiempo más tarde. No existe razón entonces para que la mujer no pueda tomarse «descansos saludables» mensuales respetando el mismo criterio.

> **Sería lícito esperar que el mundo empresarial estuviera dispuesto a utilizar el gran potencial de creatividad e inspiración que ofrece la mujer.**

LA HIBERNACIÓN DE LA FASE REFLEXIVA

La fase Reflexiva podría ser comparada a un período de hibernación y retiro en el que todo parece requerirnos más esfuerzo, desde pensar e interactuar con otras personas hasta simplemente caminar o movernos. Además, nuestra motivación, entusiasmo y brío se toman un merecido descanso de forma natural, lo que no significa que no avancemos hacia nuestros objetivos y sueños, sino que por un breve período nos dejaremos llevar por la corriente en lugar de remar con más fuerza.

Si mentalmente nos obligamos a mantenernos más activas durante esta fase, por lo general acabaremos sintiendo ira, frustración y estrés, razón por la cual resulta de vital importancia que encontremos la manera de cumplir con las demandas externas respetando esta fase.

El cansancio físico y mental puede causar problemas significativos, y por este motivo la planificación se convierte en una de las claves para que nuestros ciclos nos ayuden a prosperar. Si comenzamos a planificar nuestras tareas en la fase Dinámica para procurar que coincidan con las habilidades correspondientes a nuestro Momento óptimo el mes próximo, es más probable que tomemos en consideración la hibernación propia de la fase Reflexiva y vayamos paso a paso, lentamente.

Uno de los aspectos más relevantes de la fase Reflexiva es la tendencia a desear estar a solas y a retirarnos emocionalmente de la interacción social. Podemos sentir indiferencia frente a las necesidades y preocupaciones ajenas, y no mostrar ningún interés por sus ideas, proyectos o trabajo en general. El hecho de concedernos un «espacio» que nos aleje de otros trabajadores puede resultar beneficioso, dado que reduce la exigencia sobre nuestras energías y atención.

El problema que acarrea el aislamiento social, sin embargo, es que los compañeros de trabajo y los clientes pueden interpretar ese comportamiento de forma negativa, como si se tratase de rechazo, desaprobación, falta de reconocimiento positivo o ausencia de compromiso. Así que en lugar de dar esa impresión tenemos que organizar nuestra disponibilidad y asegurarnos de que el tiempo y el esfuerzo requeridos por el proyecto, tarea o relación llegarán en unos días. El comportamiento falso suele ser fácilmente detectado, así que debemos posponer aquellas tareas que se relacionen con otras personas —como evaluar a un empleado, planificar las ventas y hacer entrevistas o entablar nuevos contactos— y trasladarlas a la fase Expresiva.

Además de distanciarnos de los demás para dejar de dar una mala impresión, también podríamos necesitar alejarnos por nuestra propia protección. Durante la fase Reflexiva solemos estar tan desprovistas de motivación y entusiasmo que acabamos desconectándonos de nuestros propios deseos y necesidades, por lo que resulta bastante improbable que defendamos nuestras ideas y opiniones. Puesto que nada nos parece importante —ni tan siquiera nuestras propias metas y ambiciones—, podríamos acabar involucradas en proyectos o decisiones laborales que no «encajan» con nosotras por no haber expresado nuestra opinión.

Si conseguimos posponer las reuniones hasta la fase Dinámica, entonces no solo nos preocuparán los resultados, sino que también gozaremos de suficiente confianza en nosotras mismas como para defender nuestros puntos de vista, de aptitud mental para convencer a los demás y de energía para iniciar la acción.

EL AUTOCONOCIMIENTO Y LA ACTITUD DE «ME DA IGUAL» PROPIA DE LA FASE REFLEXIVA

Dado que la fase Reflexiva se caracteriza por una actitud de desgana que podríamos resumir con la expresión «me da igual», se convierte en un Momento óptimo para establecer prioridades en nuestra vida, ya que nos parece que en realidad nada tiene demasiada preeminencia. Si algo es verdaderamente importante nos merecerá la pena hacer el esfuerzo de superar nuestra inercia natural, y enseguida nos daremos cuenta de qué acciones son obligatorias y cuáles opcionales.

La fase Reflexiva naturalmente nos incita a formularnos preguntas como: «¿Tengo que molestarme en ir a trabajar, o en terminar el informe, o en llevar a los niños a sus actividades?», «¿Es necesario que limpie la casa?», «¿Es imprescindible que haga eso?», o «¿Debería preocuparme por plantearme objetivos para mejorar mi vida personal y laboral?».

Cuando disponemos de tan poca energía, todo nos parece un esfuerzo inmenso. Pero esa actitud no debe ser considerada necesariamente negativa, puesto que podría convertirse en una magnífica herramienta de autodesarrollo y consecución de objetivos. En efecto, haciendo uso de ella podemos analizar aspectos de nuestra vida y de nosotras mismas y preguntar si realmente es necesario que mantengamos nuestros patrones actuales de comportamiento y pensamiento.

En otras palabras, se nos ofrece la posibilidad natural de preguntarnos cuán importante es que «hagamos cosas», y no solo las intrascendentes de todos los días, sino también las que de verdad importan.

La fase Reflexiva nos obliga a relajarnos y hacer un alto. En las demás fases nos impulsan nuestras expectativas y deseos, nuestro ego y objetivos, y una necesidad de movimiento y éxito que consigan mostrarnos lo que valemos. Por el contrario, esta etapa nos obliga a anular dicho impulso, aunque lo más destacable es que nos incita a olvidarnos de nuestros miedos y ansiedades. Es entonces cuando dejan de importarnos los resultados, la premura de nuestras expectativas, necesidades y temores, y lo que piensan los demás: simplemente aceptamos el aquí y el ahora.

Un ejemplo es el efecto que el agotamiento ejerce sobre nosotras. En una ocasión volé a Jordania, y desde el aeropuerto tuve que realizar un prolongado viaje en autobús a través del desierto para llegar al hotel. Cuando por fin lo conseguimos, a las dos de la madrugada, me encontraba realmente exhausta. El hotel se hallaba en pleno proceso de remodelación, así que el interior parecía un campo de batalla. Pero yo lo único que anhelaba era llegar a la cama y dormir. No me importaba el desorden ni saber dónde estaba mi equipaje. Solo deseaba algo blando sobre lo cual pudiera tenderme y una puerta con cerradura; lo demás me daba igual. El agotamiento había reducido mis habituales deseos, necesidades, expectativas y motivación a lo mínimo indispensable.

La fase Reflexiva podría ser comparable a esta experiencia. Si no contamos con energía para afrontar el futuro, éste desaparece para nosotras y dejamos de lado cualquier expectativa sobre lo que sucederá o no. Además, nuestra extensa lista de lo que deseamos o necesitamos para ser felices también desaparece.

De ello se desprende una pregunta obvia: **si a causa de la menstruación podemos dejar de preocuparnos por una cuestión determinada, ¿se trata de algo tan importante para nosotras como para que lo retomemos durante la fase Dinámica, o podemos hacerlo desaparecer de nuestra vida para siempre?** De algunas cosas volveremos a ocuparnos, porque son habituales, pero cuando utilizamos esta fase para decidir conscientemente de qué nos desharemos y con qué seguiremos adelante, no solo añadimos el poder del compromiso profundo a nuestra motivación durante el mes que nos espera, sino que también cambiamos como personas. En otras palabras, ¡iniciamos el nuevo mes siendo una mujer diferente!

En realidad resulta bastante difícil explicar lo importante y poderosa que llega a ser la fase Reflexiva para nosotras, porque se aleja completamente de las expectativas del mundo moderno. Sin embargo, el uso de la fase Reflexiva como una herramienta de autoanálisis puede ejercer un gran impacto positivo sobre nuestro bienestar, felicidad, seguridad y actitud a lo largo del mes venidero.

El gran poder reparador de la fase Reflexiva

La fase Reflexiva es el Momento óptimo para la aceptación, ya que la actitud de «me da igual» también es aplicable a nosotras mismas. Con tan poca energía mental, física o emocional para «repararnos», acabamos aceptando quienes somos tal como somos, ¡verrugas incluidas!

> **El poder reparador de la fase Reflexiva radica en pensar que no hay nada que reparar.**

Aceptarnos a nosotras mismas es el cam
amarnos, pero eso solo se consigue si mentali
fase y no intentamos dirigirla mediante una co:
de voluntad y estimulantes.

Cuando en efecto cedemos, nos aceptamos y
necesidad de descanso de nuestro cuerpo, experimentamos una
profunda sensación de interconexión con el universo, de paz interior y de amor. Por consiguiente, cuanto más nos permitamos
experimentar esta conexión interior cada mes, más fácil nos resultará acceder a ella, lo cual nos facilitará distanciarnos de nuestras
emociones y pensamientos, y también de lo que sucede en el exterior.

La fase Reflexiva nos ofrece una forma exclusivamente femenina de vivir desde una perspectiva distante. Y esta nueva percepción de la vida nos alivia del estrés cotidiano, de las tensiones, y
nos incita a ser más flexibles, adaptables y cariñosas.

Si hemos estado sometidas a mucho estrés, o la fase Creativa
nos ha resultado particularmente negativa, es posible que solo dejemos de luchar varios días después de haber entrado en la fase
Reflexiva; entonces, y muy poco a poco, cederemos y comenzaremos a apreciar el panorama general, entregándonos a la actitud
del «me da igual».

Si no nos concedemos un «intervalo de quietud» durante la
fase Reflexiva, es posible que nos lleve más tiempo desarrollar las
energías y habilidades de la fase Dinámica, que dispongamos de
menos energía durante el mes o que experimentemos síntomas físicos que nos obliguen a hacer un alto. Sin embargo, este «intervalo
de quietud» no implica dormir más ni mirar la televisión, sino que
debe estar dedicado a la reflexión activa.

¡Tómate un tiempo de descanso o tu cuerpo se encargará de
tomárselo por su cuenta!

CAPACIDAD DE ANÁLISIS DURANTE LA FASE REFLEXIVA

La fase Reflexiva es el Momento óptimo para mirar hacia dentro y reflexionar. Es el Momento óptimo para analizar los acontecimientos, sentimientos y pensamientos de los meses anteriores, repasar nuestros proyectos y objetivos actuales y comprometernos a cambiar.

Esta fase apunta principalmente a que nos conozcamos por dentro y a que sintamos la necesidad de cambiar, percibamos cuál es la transformación más adecuada para nosotras y nos comprometamos a llevarla a cabo.

Sin embargo, es preferible que dejemos para la fase Dinámica —tan rebosante de energía— la planificación de los detalles, las soluciones y los pormenores sobre cómo y cuándo implementaremos el ansiado cambio. Ya sumergidas en esta fase, el Momento óptimo para la reflexión creará su propio espacio y tiempo. En ocasiones la actitud de «me da igual» durará toda la semana, y en otras solo un par de días. A medida que nos alejemos gradualmente de la experiencia casi meditativa de la fase Reflexiva podremos centrar nuestra atención en analizar, sentir e imaginar.

Por eso, éste es el momento perfecto para que nos preguntemos:

— «¿Qué considero que debo hacer de otra manera?»
— «¿Qué me parece que tengo que cambiar, y cómo?»
— «¿Cuál sería el resultado? ¿Cómo me sentiría?» ·
— «¿Me siento comprometida con este cambio? Si no es así, ¿se trata del cambio adecuado? ¿Y qué podría modificar para que me pareciera correcto?»

Ésta es la fase para soñar despiertas, visualizar diferentes escenarios y pensar cómo nos sentiríamos en ellos. Es el momento de imaginar que hemos cumplido con nuestras metas a largo plazo, de pensar en cambios a corto plazo, de encontrar soluciones a problemas laborales y concebir nuevas ideas para proyectos. Cuanto más apasionadamente nos entreguemos a soñar despiertas, más intensos serán nuestros sentimientos, más reales parecerán esas imágenes a nuestro subconsciente y más profundo será nuestro cambio para hacerlas realidad. En otras palabras, nos comprometeremos más.

Al igual que en la fase Creativa, nuestro subconsciente también nos responderá con ideas y visiones inspiradas. La belleza de este Momento óptimo radica en que podemos efectuar cambios realmente profundos y duraderos no solo para nuestro trabajo y vida laboral, sino también dentro de nuestra personalidad y nuestra manera de interactuar con el mundo.

El hecho de dedicar este período a reflexionar nos permite entrar en la fase Dinámica a toda velocidad: ya sabemos lo que tenemos que cambiar del proyecto para que funcione mejor (fase Creativa), hemos analizado las situaciones y nos sentimos emocionalmente comprometidas (fase Reflexiva), y contamos con mucha energía para implementar ese cambio (fase Dinámica).

Tan repentina oleada de entusiasmo puede resultar un tanto chocante para nuestros compañeros de trabajo, que se han acostumbrado a vernos hibernar durante unos días; ¡así que no estaría de más advertirles que en el plazo de una semana introduciremos cambios radicales en el proyecto!

La fase Reflexiva también nos incita a reemplazar parte de nuestra programación más profunda. En la fase Creativa experimentamos nuestras emociones y nos deshacemos de ellas. En la fase Reflexiva contamos con la oportunidad de procesar el mensaje que se oculta detrás de esas emociones y desarrollar nuevas creencias y patrones de pensamiento. La fase Creativa es como el otoño, el momento en que dejamos caer nuestras hojas emocionales, mientras que la fase Reflexiva es comparable al invierno, una etapa en la que decidimos qué hojas nuevas deseamos hacer brotar y dónde, una vez que regresen las energías de la primavera.

Ya nos encontramos en condiciones de dejar atrás los efectos de los acontecimientos del último mes y de entrar una vez más en la fase Dinámica, completamente frescas y renovadas. No tenemos que cargar con el pasado; durante esta fase podemos elegir qué tomar y qué dejar. Por ejemplo, si un compañero de trabajo nos hizo pasar un mal momento el mes pasado, ¿para qué trasladar la ira al mes que viene y crear una mala relación laboral? Cuando «tocamos» lo más profundo de nuestro ser durante la fase Reflexiva conseguimos dejar atrás la ira y el patrón que la sustenta, y aceptarnos y reconocer el lugar que ocupamos en el universo. Lo cual significa que cuando tengamos que volver a trabajar con este compañero lo haremos desde una perspectiva de control personal, sin necesidad de vengarnos o legitimarnos como persona.

Pero cuando no nos concedemos tiempo para reconocer los mensajes del subconsciente durante la fase Creativa, el estrés y la tensión pueden salpicar incluso la fase Reflexiva, obligándonos a tratar estas cuestiones antes de entrar en la fase Dinámica.

Si la mente se opone a los deseos más profundos de la persona y sus necesidades, puede resultar difícil olvidarse de todo y sumergirse en la fase Reflexiva. En ocasiones la batalla se extiende tanto, repitiéndose mes a mes, que nos resulta complicado abandonar el hábito de la tensión, el estrés y la confrontación. Es entonces cuando necesitamos retirarnos del mundo, quizás para meternos en la cama, a oscuras, y tener el valor de preguntarnos: «Vamos a ver: ¿qué está sucediendo?».

La fase Reflexiva no solo nos brinda la oportunidad de recrear lo que somos todos los meses, sino también la habilidad de saber qué crear. Y cuando nos concedemos espacio y tiempo para retirarnos y centrar nuestra atención en nuestro interior durante ese período, utilizando nuestros sentimientos como mensajeros de nuestra parte más profunda, la fase Reflexiva se convierte en un momento del mes sumamente bello, transformador y sustentador.

LAS OPORTUNIDADES QUE OFRECE LA FASE REFLEXIVA

Si la fase Reflexiva es un momento de hibernación natural y un retiro hacia lo más profundo de nosotras mismas, ¿qué habilidades puede ofrecernos en nuestra vida cotidiana? Y otra pregunta: reconociendo lo difícil que este período puede resultar en el entorno laboral, ¿de qué deberíamos cuidarnos, y qué estrategias podríamos utilizar para que esta etapa resulte productiva para nuestra carrera y nos ayude a conseguir nuestros objetivos?

HABILIDADES:

- Capacidad para perdonar y olvidar, y dejar atrás el pasado.
- Profundo procesamiento y reflexión interior.
- Recuperación física y renovación de energías.
- Posibilidad de efectuar cambios y de comprometerse con ellos al cien por cien.
- Percepción intuitiva de la dirección o acción correcta, y del panorama general.
- Comprensión intuitiva de las necesidades de los proyectos, las tareas o las personas.
- Estado meditativo natural.
- Acceso a ideas e información provenientes del subconsciente.
- Profunda conexión con el universo más allá de las preocupaciones cotidianas.
- Capacidad para analizar nuestras actividades, objetivos y vida a través de los sentimientos y la intuición en lugar de los pensamientos.
- Visualización positiva de diferentes futuros, soluciones y metas para percibir lo que sea adecuado y generar compromiso.
- Disfrutar de una profunda sensación de paz interior.
- Descanso del ego.

- Aceptación de todo tal como es.
- Acción centrada únicamente en satisfacer necesidades básicas.
- Capacidad para «dejarnos llevar».
- Reconocimiento de que existimos en el «aquí y ahora» y no en nuestra cabeza.
- Deleite en el simple placer de ser.
- Satisfacción con lo que se tiene, sin motivación para cambiar o tener más.
- Disposición para ser amable contigo misma, amarte y aceptarte.
- Creación de conceptos y soluciones «como por arte de magia».
- Imaginación creativa.

LO QUE NO FUNCIONA DEMASIADO BIEN:

- Esperar mantenerte centrada y dinámica.
- Trabajar y relacionarte con otras personas; la interacción social.
- Trabajar hasta muy tarde o iniciar nuevos proyectos.
- Ejecutar tareas detalladas y estructuradas.
- Realizar actividad física; por ejemplo, correr de un lado a otro, viajar, etc.
- Aprender, aplicar el pensamiento lógico o planificar.
- Intentar sentirte motivada por el entusiasmo.
- La falta de sueño.
- Practicar ejercicio físico y actividades deportivas.

CUIDADO CON:

- Sensación de desconexión, falta de interés y sociabilidad, introspección.

- La actitud de «me da igual»; sentirte demasiado cansada como para oponer resistencia.
- Falta de motivación y entusiasmo.
- El efecto de tu introspección o aislamiento emocional sobre otras personas.
- Necesidad de apoyo.
- No hacer planes sobre cambios; dejar los detalles hasta la fase Dinámica.
- Un compromiso asumido de corazón te cambiará la vida.
- Dedicar más tiempo a dormir y relajarte.
- Ignorar u odiar esta introspección natural te provocará estrés.
- Una reducción natural en la cantidad de alimentos que consumes.
- Crear objetivos y expectativas poco realistas para la fase en que te encuentras.
- No planificar para este período durante la fase Dinámica previa.
- Sentirte víctima de las exigencias y expectativas ajenas, o permitir que éstas te abrumen.
- El impulso de dejarlo todo, incluso lo más importante.
- Esperar que otras personas sepan lo que está sucediendo en tu interior.

ESTRATEGIAS:

Físicas

- Dejar el gimnasio durante un par de días.
- Dormir la siesta (en lo posible, varias).
- Alterar tu rutina para incluir más tiempo de descanso o incluso para dormir.
- Si puedes organizar pasar el día entero en la cama, ¡hazlo!

- Meditar o simplemente descansar en silencio, preferiblemente en un entorno natural.
- Tomar más dosis de cafeína solo si es necesario.
- Reducir la velocidad, caminar más lentamente, hacer menos.
- Ofrecer a tu cuerpo alimentos más simples y sanos no procesados.

Emocionales

- La introspección te protege de las exigencias emocionales de otras personas.
- Evitar tomar decisiones importantes. El hecho de que te encuentres demasiado cansada como para preocuparte podría incitar a otras personas a aprovecharse de ti.
- Recordar que la falta de motivación y entusiasmo pasará en cuanto comience la fase Dinámica.
- Reflexionar sobre las cosas que te molestan durante la fase Creativa. Pedir a tu subconsciente que te transmita el mensaje esencial y la solución.
- No sentirte culpable por no estar trabajando tan duramente como el resto de las personas; siempre podrás ponerte al día durante la fase Dinámica.
- Si te sientes «en éxtasis», disfrútalo. ¡Muchas personas pagan importantes sumas de dinero para conseguirlo!
- Entrar en contacto con la naturaleza. Durante esta fase se observa una afinidad natural con ella.
- Imaginar diferentes escenarios vinculados a decisiones o situaciones complicadas para ayudar a tu subconsciente a adaptarse, sentirse a salvo y preparado, y para generar sensaciones positivas de fortaleza para el mes venidero.
- Confiar en tu sabiduría interior y tus decisiones de cambiar durante esta fase. La información provendrá de lo más profundo de ti, lo cual te ayudará a comprometerte.

Trabajo

- Dedicar parte de tu tiempo a analizar las sensaciones que te producen tus tareas y proyectos.
- Visualizar proyectos, tareas y problemas. No intentar forzar las respuestas, sino simplemente notar lo que sientes.
- Confiar en tu intuición.
- Probar ideas, proyectos, cambios, planes, objetivos y sueños para ver qué tal te sientan. Esto ayudará a tu subconsciente a aceptarlos y a adaptarse a cualquier cambio que desees hacer.
- Hacer cosas que te hagan sentir mejor fuera el trabajo; por ejemplo, un baño por la noche con aceites de aromaterapia, velas, música y chocolate.
- Continuar buscando ideas y soluciones creativas en tu subconsciente, pero teniendo en cuenta que la respuesta llegará más lentamente que en la fase Creativa.
- En la medida de lo posible, evitar los acontecimientos sociales y los contactos personales. La gente notará que tu extroversión no es «natural».
- Concederte permiso para reducir tu ritmo. Hacer lo necesario, pero no más. Ya podrás ponerte al día más adelante.
- Estar atenta a los momentos en que dispongas de energía para trabajar, y utilizar estos bríos para aquellas tareas que requieren aptitudes mentales.
- Informar a tus compañeros de trabajo que durante unos días podrán recurrir menos a ti.
- Asegurar a tus compañeros de trabajo y clientes que la falta de atención y entusiasmo que percibirán en los próximos días no significa que no les consideres importantes.
- Evitar reuniones empresariales y con clientes, porque es poco probable que participes activamente y tampoco te preocuparás por las necesidades de los proyectos.
- Delegar en la medida de lo posible, pero solo en personas

en las que confíes plenamente. No dispondrás de energía ni
voluntad para comprobar ningún trabajo.

- Simplificar. No asumir demasiadas tareas al mismo tiempo.
- Comprender que obligarte a hacer cosas durante esta fase
  te estresará.
- Siempre que puedas, dejar las habilidades de aprendizaje y
  la información para la fase Dinámica.
- En cuanto a los proyectos que requieran entusiasmo y motivación de tu parte, intentar no involucrarte hasta la fase
  Dinámica.
- Recordar que todo lo que hagas en esta fase sin respetar tus
  circunstancias posiblemente te causará frustración y estrés.
  Además no será tu mejor trabajo, ¡aunque es posible que
  ni siquiera te importe!
- Ni se te ocurra hacer muchas cosas simultáneamente a menos que hayas organizado muy bien tu tiempo y establecido
  las prioridades; pero incluso en ese caso es posible que no
  consigas ningún resultado.
- Ayudar a los demás dándoles pautas sobre cómo aproxi-
  marse a ti o dejarte tranquila. No esperar que te lean la
  mente.

CONSECUCIÓN DE OBJETIVOS:

- Disfrutar de un descanso y simplemente ser. Durante esta
  fase no conviene planificar acciones ni tareas, en especial al
  comienzo.
- Preguntarte qué has perdido el mes pasado (o los meses anteriores) y te resulta imprescindible recuperar para sentirte
  satisfecha.
- Utilizar cualquier sensación negativa experimentada en la
  fase Creativa previa como una guía sobre los cambios que
  debes introducir el mes próximo.

- Decidir con qué te comprometerás, aunque teniendo en cuenta que una decisión tomada en este momento puede producir efectos muy marcados.
- Éste es el período adecuado para cambiar tu objetivo principal si te parece desacertado. Debes encontrar una frase, imagen o deseo que consideres completamente adecuado.
- Las rutinas de ejercicio suelen ser interrumpidas durante esta fase. Es natural, porque tu cuerpo desea descansar para recuperar sus energías. No te sientas culpable, y simplemente trabaja con tu cuerpo para surgir renovada durante la fase Dinámica.
- Imaginar cómo te sentirías si consiguieras tu principal objetivo.
- Probar tus ideas, proyectos y objetivos en tu imaginación. Imaginar una conversación con tu subconsciente que trate sobre este tema.
- En particular, probar en tu imaginación los cambios que te has propuesto para permitir que tu subconsciente se sienta a gusto con la idea.
- Como en la fase Creativa, todavía puedes pedir inspiración a tu subconsciente, pero la respuesta te llegará más lentamente.
- Percibir cualquier tensión o negación que sugiera resistencia, e imaginar tanto las razones como la respuesta.
- En la última parte de la fase, pensar en tus objetivos y acciones para el mes que viene.

LOS RETOS:

- Aceptar la fase.
- Hacer un alto desde el punto de vista físico.
- Disfrutar de la fase.
- Planificar para permitirte contar con tiempo de descanso.

TUS IDEAS SOBRE ACTIVIDADES PARA LA FASE REFLEXIVA:

Capítulo 6

SACA PARTIDO AL MOMENTO ÓPTIMO DE LA FASE DINÁMICA

La fase Dinámica es aquella en la que hacemos más…, ¡y de ahí su nombre! De hecho, es posible que la percibas como la más fortalecedora, productiva y gratificante de todo el ciclo, en especial porque las habilidades y aptitudes que potencia encajan con las expectativas modernas de trabajo y productividad. Este descubrimiento de nuevas energías y mayores aptitudes es el resultado directo del período de hibernación de la fase Reflexiva. En efecto, al haber permitido que nuestro cuerpo, mente y emociones descansaran y se recuperaran, hemos creado este magnífico Momento óptimo de energía y acción.

La fase Dinámica es un Momento óptimo tan estupendo para conseguir objetivos y avanzar que muchas mujeres lamentan su corta duración. Se trata de la fase más productiva del ciclo desde el punto de vista mental, y también la que puede ejercer el mayor impacto sobre nuestros éxitos futuros y la consecución de nuestros objetivos.

> **Desde el punto de vista mental, la fase Dinámica es la más productiva de todo el ciclo.**

La alegría de la fase Dinámica es esa sensación de seguridad personal, independencia y gran energía física y claridad mental que nos da fuerzas para entrar en acción. Por eso es el mejor momento para dar los primeros pasos e iniciar las novedosas hazañas que nos cambiarán la vida.

GENERALIDADES SOBRE LA FASE DINÁMICA

La fase Dinámica es el comienzo de un nuevo ciclo y de otro mes de planificación. Salimos de la hibernación de la fase Reflexiva revitalizadas desde el punto de vista físico, mental y emocional, y listas para enfrentarnos al mundo y conseguir lo que deseamos. Se trata de una fase realmente estimulante. Nuestras energías, entusiasmo y seguridad personal se han elevado de forma natural y estamos preparadas para iniciar nuevos proyectos, recuperar las tareas que habíamos dejado aparcadas el mes anterior y reinventarnos para el mes que está al llegar.

En esta fase nuestra memoria se agudiza, nuestro pensamiento se aclara y resulta más lógico, alcanzamos niveles más elevados de concentración y conseguimos tanto ver el panorama general como prestar atención a los detalles más sutiles. Nos impulsa un gran ímpetu de hacer cosas y entrar en acción para realizar cambios y conseguir nuevos objetivos.

«Con los años me di cuenta de que mi sociabilidad y exuberancia natural aumentaban durante mi fase preovulatoria. Este hecho mejoraba mi trabajo como presentadora y monitora cuando tenía unos 40 años. Sabía que estaría muy centrada si me tocaba ejercer de presentadora durante dicho período, que contaría con mucha energía e ideas creativas y que me mostraría muy receptiva en relación con mi audiencia. Durante las otras fases de mi ciclo mis presentaciones no resultaban necesariamente menos eficaces, pero me exigían mayor concentración y un esfuerzo consciente para salir adelante. [...] Pero en lo relativo al entretenimiento y la energía, ninguna otra fase mejoraba tanto mi "actuación" como la preovulatoria.»

LAURA, directora ejecutiva de Sexual Health Access Alberta, Canadá

Desde el punto de vista físico notamos más energía y menos necesidad de dormir, y dado que conseguimos mantenernos mentalmente activas durante un período más prolongado, podemos trabajar o divertirnos hasta altas horas de la noche. Esta mayor seguridad en nosotras mismas nos hace más sociables y directas, y si combinamos estas habilidades con una fuerte convicción natural, una buena dosis de entusiasmo y un buen puñado de automotivación, sentimos que no hay nada que no podamos hacer o conseguir durante esta fase.

Ya hemos visto que el ciclo puede ser interpretado como un patrón de conexión más fuerte o más débil con el subconsciente, así que durante la fase Dinámica nos alejamos del mundo intuitivo para acercarnos a los procesos de pensamiento racionales, estructurados y dirigidos hacia el exterior, propios de la conciencia cotidiana.

Al igual que la fase Creativa, éste es un período de transición en el que las energías físicas y nuestra orientación hacia el mundo cambian. Si bien la fase Creativa es una etapa de menos energías físicas y más orientación hacia el mundo del subconsciente, la etapa Dinámica se caracteriza por el incremento de la energía física y la orientación hacia el mundo exterior. Ambas fases hacen especial énfasis en el ego y la fuerza de voluntad y en aquello que queremos y necesitamos, así que es posible que sintamos frustración cuando las cosas no salen como esperábamos. En la fase Dinámica, en particular, este «fracaso» suele deberse a que los demás simplemente no consiguen seguirnos el ritmo durante nuestros estallidos de ideas, energía y proyectos.

El subconsciente podría causar un impacto negativo sobre la fase Dinámica si durante las fases Creativa o Reflexiva no le hemos dedicado el espacio y el tiempo necesarios para trabajar con él. A modo de ejemplo, este mes he estado haciendo un arduo trabajo mental, y ahora que he entrado en la fase Dinámica me estoy esforzando todavía más para escribir informes, estructurar y diseñar proyectos y ponerme al día con aquellas cosas que no entraban en mi lista de prioridades. Estoy inmersa en la magnífica actividad de la fase Dinámica, pero también estoy sintiendo frustración y estrés. ¿Por qué? Porque no presté atención a mis necesidades más profundas durante mis fases Creativa y Reflexiva.

El remedio, en mi caso, consiste en dedicarme algún tiempo de descanso para así poder conceder a mi subconsciente, sentimientos y necesidades la atención y el reconocimiento que merecen. Posiblemente esto resulte más difícil de conseguir en la fase Dinámica que durante las otras dos, y yo debería haberlo hecho en el Momento óptimo, siguiendo mis propios consejos.

También es posible que experimentemos una menor sensibilidad emocional o vulnerabilidad durante la fase Dinámica, que se convertirá entonces en el Momento óptimo para las conversaciones «difíciles», como plantear una queja, exigir nuestros derechos, exponer nuestro punto de vista y hacernos valer. Sin embargo, esto podría revelarnos menos empáticas, así que es preferible que dejemos aparcadas las cuestiones emocionales relacionadas con otras personas —como apoyar a compañeros de trabajo o familiares y amigos— hasta que recobremos la empatía de la fase Expresiva.

El paso de la fase Reflexiva a la Dinámica puede variar de un mes a otro. No obstante, si despertamos sintiéndonos más seguras y con mayor agudeza mental, más motivadas y entusiasmadas, no cabe duda de que ya hemos entrado en la fase Dinámica.

NUEVO MES, NUEVO COMIENZO

La fase Dinámica es como un sueño en lo que a nuestra orientación personal se refiere. Se trata de un Momento óptimo para analizar lo que haremos a continuación con nuestra vida, para comprender qué objetivos abordaremos este mes y para comenzar a detallar nuestras acciones más importantes con el fin de concretarlas.

Nuestros elevados niveles de seguridad en nosotras mismas y entusiasmo durante este período nos motivan a iniciar cosas nuevas, entrar en acción y salir de nuestra «zona de confort». También de forma natural creemos en nuestro diálogo interior positivo, de la misma manera en que creímos en nuestro diálogo interior negativo durante la fase Creativa. Por este motivo nos encontramos en la etapa ideal para valernos de todas las afirmaciones que puedan disparar y guiar nuestra motivación.

La fase Dinámica se centra mucho en nosotras —nuestros sueños, necesidades y deseos—, por lo que podemos notarnos muy egocéntricas, concentradas en nuestros objetivos y carentes de compasión y paciencia. Si pensamos en nuestra energía en términos del aspecto hormonal del ciclo menstrual, esta fase es fácil de entender porque se trata del período previo a la liberación de un óvulo, lo que significa que tenemos menos probabilidades de quedarnos embarazadas. La naturaleza nos ofrece este espacio único, con sus habilidades y energías, para que entremos en acción en lo relativo a nuestros sueños personales y fortalezcamos nuestra individualidad.

> **La naturaleza nos ofrece la oportunidad de establecer nuestros objetivos personales y desarrollar las habilidades más adecuadas para hacerlos realidad.**

A algunas mujeres se les hace difícil aplicar la energía de la fase Dinámica porque se sienten incómodas exhibiendo sus necesidades frente a otras personas. De hecho, es posible que consideren que el desarrollo natural de esta fase resulta poco maternal o femenino. Sin embargo, este período puede convertirse en un Momento tan espectacular para conseguir objetivos, triunfar y avanzar que muchas mujeres sienten lo contrario: ¡que la fase no dura lo suficiente!

La etapa Dinámica nos ofrece la oportunidad de experimentar un tipo de energía y percepción más masculina que, en el mundo empresarial moderno, tan orientado a la consecución de objetivos y al éxito, puede convertirse en una gran ventaja. Si, de todos modos, nos proponemos ignorar el resto de nuestras fases, no solo desperdiciaremos algunas sorprendentes habilidades y oportunidades de crecimiento, sino que, sobre todo, no experimentaremos la sensación de plenitud, satisfacción y bienestar que produce vivir en armonía con cada una de nuestras fases.

La fase Dinámica representa el sonido del «pistoletazo de salida», así que si nos empeñamos en mantenernos en esta fase nunca desarrollaremos el vigor ni el compromiso que requiere nuestra carrera de larga distancia. Por el contrario, si utilizamos esta fase como el punto de partida de nuevas acciones y proyectos, y la reforzamos con los efectos sustentadores la fase Expresiva, la creatividad de la fase Creativa y la capacidad de análisis de la fase Reflexiva, nos sentiremos capaces no solo de efectuar cambios, sino también de hacer realidad nuestros deseos más sinceros y aquellos objetivos a largo plazo que nos parecían inalcanzables.

La fase Dinámica y el diálogo interior positivo

La fase Dinámica llega con una fuerte confianza en lo positivo. No solo somos optimistas sobre el futuro, sino que también creemos en nosotras. En otras palabras, nos sentimos capaces de hacer… ¡lo que sea!

En el capítulo dedicado a la fase Creativa observamos que las afirmaciones positivas —frases dirigidas a modificar nuestros procesos de pensamiento— no funcionan porque nuestra «mente cachorrillo» sale a recoger toda la evidencia posible para hacerlas parecer falsas. Sin embargo, en la fase Dinámica nos dan igual las pruebas porque ya sentimos en lo más profundo de nosotras que en realidad todo es cierto.

Entonces, ¿para qué recurrir a las afirmaciones positivas durante esta fase? El cerebro se basa en los procesos repetitivos para crear conexiones neuronales, y cuantas más conexiones establezcamos, mejor preparadas físicamente nos encontraremos para pensar y comportarnos de determinada manera. Repetir una frase beneficiosa sobre nosotras mismas durante el período en que de forma natural la consideramos verdadera nos ayuda a fijar en nuestra mente el pensamiento y las emociones que éste provoca.

Y esta acción crea, a su vez, una valiosa herramienta que nos incita a trasladar las emociones positivas a las fases Creativa y Reflexiva, de por sí más complicadas.

Si trabajamos con afirmaciones durante las fases Dinámica y Expresiva, y nos esforzamos por reconocer y dejar salir cualquier resistencia subconsciente durante las fases Creativa y Reflexiva, estaremos aplicando un poderoso método para efectuar cambios profundos y duraderos. Numerosos libros explican cómo trabajar con las afirmaciones positivas, pero la forma más simple consiste en crear una frase breve, en tiempo presente, sobre algo que deseamos tener, ser, experimentar o lograr. Debemos escribir la oración o bien pronunciarla en voz alta y repetirla varias veces al día; en el «Día 11» del «Plan diario de la Mujer cíclica» encontrarás información precisa al respecto. Es posible que algunas de nosotras ya hayamos puesto en práctica el método de las afirmaciones positivas sin percibir ningún efecto; pero existe la posibilidad de que, tal como podría suceder con cualquier otra estrategia de autodesarrollo, la técnica no fuera adecuada para la fase del ciclo en que la practicamos.

El entusiasmo de la fase Dinámica se refleja en nuestra tendencia a enfatizar exageradamente y crear demasiadas afirmaciones para que se adapten a los múltiples objetivos y proyectos que estamos desarrollando. ¡Y hasta es posible que las convirtamos en afirmaciones muy extensas que lo abarquen todo! Pero, en términos generales, en cuanto trasladamos estas afirmaciones a la fase Expresiva notamos que cambian de forma natural. El motivo es que empezamos a decantarnos por frases más sencillas y que preferimos reducir su número a una o dos fundamentales. También es probable que necesitemos modificar ligeramente la *forma* de expresarlas para poder responder a ellas desde el punto de vista emocional (véase «Día 14» del «Plan diario de la Mujer cíclica»).

Durante la fase Dinámica del próximo mes tal vez elaboremos nuevas afirmaciones, pero las más importantes serán las esenciales, aquellas que repetiremos mes a mes.

ANCLAJE

Otro método de autodesarrollo que produce beneficios desde el momento de iniciarlo en la fase Dinámica hasta su refuerzo en la fase Expresiva es una técnica de programación neurolingüística llamada «anclaje». Se trata de un procedimiento que supone volver a vivir o imaginar una situación que genera sentimientos positivos, y recurrir entonces a un disparador físico —como presionar dos dedos entre sí— para «anclar» esas sensaciones en nuestra mente. En una fecha posterior, cuando deseemos cambiar nuestros pensamientos y sentimientos y recrear aquellos que establecimos en el anclaje, simplemente deberemos volver a recurrir al disparador físico.

En la fase Dinámica tenemos muchas más probabilidades de creer en las figuraciones positivas, por lo que las imágenes y los sentimientos que generemos serán más fuertes y parecerán más reales, mejorando así la técnica de anclaje.

Por su parte, si durante las fases Creativa o Reflexiva deseamos estimular el surgimiento de más pensamientos y creencias positivos, podemos recurrir a nuestro disparador para reconectar y experimentar sentimientos más optimistas. El anclaje no debería ser utilizado para intentar «reparar» estas fases ni tampoco para superar ningún pensamiento o emoción de naturaleza negativa. Recuerda que durante las fases Creativa y Reflexiva surgen en nuestra consciencia aquellas cuestiones que debemos reconocer y liberar para sustentar y mantener tanto nuestro bienestar como nuestra salud mental y emocional. Si recurrimos al anclaje durante esos períodos, podremos evitar comprometernos emocionalmente con cualquier pensamiento y sentimiento negativo, lo cual nos aportará la distancia necesaria para reconocerlo y trabajar con él, y añadir un poco más de estabilidad a nuestra interacción con la vida cotidiana.

LA MENTALIDAD DE LA FASE DINÁMICA

Durante la fase Dinámica los logros, el éxito y los resultados adquieren mucha importancia. No solo sentimos la necesidad de planificar y estructurar nuevos proyectos con vistas a futuros éxitos, sino que también nos hace falta alcanzar resultados aquí y ahora. Dado que nos impulsa el deseo de entrar en acción y alcanzar resultados rápidamente, podemos volvernos muy exigentes, y cuando las cosas no avanzan —o las personas no responden— con suficiente premura, experimentamos intolerancia e impaciencia, además de la frustración de sentirnos bloqueadas.

Por esta razón necesitamos trabajar sobre varios proyectos y metas al mismo tiempo, de tal manera que podamos alternar entre ellos nuestra atención y entusiasmo a medida que pierdan fuerza. De esa manera conseguiremos mantener la permanente sensación de éxito que necesitamos para nuestro bienestar durante esta fase, y por otro lado nos resultará sencillo hacer malabarismos entre esos proyectos adicionales, porque nuestra habilidad mental se encontrará en su plenitud y también porque habrá aumentado nuestra capacidad para realizar varias tareas simultáneamente.

Estas aptitudes también significan que la fase Dinámica es el Momento óptimo para ponernos al día, no solo con los trabajos que dejamos de lado durante la fase Reflexiva, sino también con esas otras tareas menos prioritarias que nunca parecen alcanzar el primer lugar de la lista de «pendientes».

La fase Creativa puede complementarse con la Dinámica brindándonos la oportunidad de tachar de nuestra lista de prioridades aquellas tareas que no merece la pena que traslademos al nuevo mes, y proporcionándonos una relación de acciones urgentes e importantes —y, por lo tanto, prioritarias— para la fase Dinámica.

La fase Dinámica es también el momento de analizar de forma realista lo que hemos o no hemos conseguido hasta la fecha. El hecho de identificar y reconocer el fracaso durante esta fase puede convertirse en un potente motivador para mostrar lo que valemos en lugar de dar a entender que somos unas fracasadas, como muy probablemente sucedería en la fase Creativa.

La gran memoria emocional de la fase Dinámica y nuestra mayor capacidad para procesar nueva información convierten este período en el Momento óptimo para investigar temas y detalles, adquirir nuevas destrezas e incorporar información, apuntarnos a cursos, dedicarnos al autodesarrollo, documentarnos, averiguar cómo implementar nuevas estructuras o programas informáticos, explorar el funcionamiento de alguna cosa, leer la «letra pequeña» de algún documento legal o financiero… La lista es infinita.

Nuestro intelecto y aptitudes de razonamiento durante esta etapa nos hacen menos sensibles y vulnerables emocionalmente, y más capaces de analizar situaciones de forma pragmática, gracias a lo cual podemos centrarnos en situaciones que en otras fases nos causarían malestar o incluso nos atemorizarían.

Ahora disponemos de fuerzas no solo para afrontar estas situaciones, sino también para analizarlas y decidir al respecto, actuando de forma apropiada. Éste es el momento de observar de forma práctica qué impacto causarán en nuestra vida —y en quienes nos rodean— todas aquellas decisiones que tomamos en la fase Creativa y que nos hemos comprometido a hacer realidad durante la Reflexiva. Ahora nos encontramos más preparadas para pensar de forma lógica sobre las consecuencias y construir planes de emergencia.

Esta capacidad para el pensamiento lógico también nos permite analizar con sensatez nuestro trabajo y el futuro. Somos más capaces de pensar en realizar cambios radicales, investigar y conseguir la información que necesitamos, sopesar consecuencias y riesgos, y crear estrategias a largo y corto plazo.

Puesto que nos sentimos tan positivas y seguras de nosotras mismas, éste es el Momento óptimo para avanzar en nuestra carrera, dar los pasos necesarios para cambiar de profesión, redactar nuestro currículum vítae y presentarnos a entrevistas de trabajo.

PLANIFICA LA VIDA QUE DESEAS

Una de las claves del Plan diario de la Mujer cíclica es, precisamente, la planificación; y en la fase Dinámica sin duda nos encontramos en condiciones de actuar en ese sentido: podemos utilizar nuestros poderes de concentración mental para convertir nuestras listas de objetivos y tareas pendientes en acciones cuyos plazos podamos manejar; podemos planificar proyectos a largo plazo o simplemente las actividades del día.

> «Sin lugar a dudas, desde ahora me dedicaré a planificar y organizar para el futuro durante las fases Dinámica y Expresiva.»
>
> MELANIE, docente, Reino Unido

Tomar conciencia tanto de las fechas de nuestro ciclo como de sus Momentos óptimos con sus correspondientes habilidades potenciadas nos ayuda a determinar si las tareas que hemos planificado se encuentran en sintonía con nuestro ciclo. Además, durante esta etapa podemos aplicar nuestras habilidades a la resolución de problemas de forma lógica, con el fin de estructurar actividades o contingencias y hacerlas coincidir con esos momentos.

Donde realmente se aprecia mejor el efecto de la fase Dinámica es en la planificación de objetivos a largo plazo. Nuestros ciclos son métodos naturales de orientación personal, por lo que durante este período comenzamos a planificar nuestras metas a largo plazo y sus planes de acción asociados para el mes entrante.

La técnica clásica de orientación personal (o «coaching») consiste en determinar primero un objetivo general y una fecha para hacerlo realidad, y a continuación formular un plan de acción para objetivos menores con fechas de consecución. Las fechas de revisión, por su parte, tienen la finalidad de ayudarnos a llevar un control de lo que hemos conseguido y lo que aún queda pendiente, y de comprobar si han surgido nuevas oportunidades que puedan influir sobre nuestro objetivo final.

Uno de los bloqueos más frecuentes que nos impiden comenzar es no saber realmente qué queremos hacer, tener o ser. Un amigo mío pasó años insistiendo en que quería tocar la guitarra. Cuando le sugerí que se apuntara a clases me respondió que no quería *aprender* a tocar la guitarra, ¡sino simplemente tocarla! Hace poco le comenté que en mi opinión él no quería ejecutar el instrumento, sino que simplemente *deseaba poder hacerlo*. Y agregué que si en verdad quisiera aprender se centraría en su objetivo, por muchas clases que le llevara. Unos días más tarde me contó que, por fin, había decidido tomar su primera clase.

La diferencia entre desear algo y quererlo es que en este último caso estamos dispuestos a entrar en acción para conseguirlo.

Podemos utilizar nuestros ciclos para descubrir qué es importante para nosotras, qué queremos hacer con nuestra vida y cuáles serán nuestros objetivos. A esos efectos, la fase Dinámica puede ayudarnos a investigar algunas ideas iniciales; la fase Expresiva, a hablar con quienes nos rodean; la Creativa, a pedir a nuestro subconsciente que nos asista a la hora de detectar y comprender qué pretendemos de la vida; y la Reflexiva, a procesarlo todo internamente. Así, durante la fase Dinámica estaremos comprometidas a dar los primeros pasos hacia el cambio que pretendemos establecer en nuestra vida.

Una vez elegida una meta a largo plazo, la fase Dinámica se convierte en el período ideal para analizar las acciones que debemos ejecutar para llegar a la meta y también para planificar las tareas menores y sus plazos de ejecución. Durante la fase Dinámica suele apreciarse una tendencia a entrar en demasiados detalles, lo cual podría llevarnos a confeccionar una abrumadora lista de «tareas pendientes». ¡Así que nunca la leas durante la fase Creativa! Sin embargo, podríamos dividir nuestro principal objetivo en varios subobjetivos y luego elegir uno de ellos para volver a dividirlo en acciones menores reservadas para el mes próximo. Y tras analizar estas acciones menores, nuestros diarios y las fechas de nuestro ciclo, deberíamos determinar cuáles serán los Momentos óptimos para ejecutar dichas acciones.

Si durante el mes anterior algún cambio ha afectado a nuestro objetivo principal, también podemos recurrir a la fase Dinámica para volver a estudiar nuestras estrategias a largo plazo y hacer las modificaciones pertinentes. Los objetivos a largo plazo no son inamovibles. Con mucha frecuencia, una vez que emprendemos el viaje hacia nuestra meta pueden aparecer sorprendentes situaciones y oportunidades, aparentemente «de la nada». La fase Dinámica es, entonces, el Momento óptimo para calcular lo que necesitamos cambiar a fin de aprovechar esas nuevas oportunidades.

El Momento óptimo de la fase Dinámica

La fase Dinámica nos ofrece energías y habilidades renovadas, así que para asegurarnos de que estamos aplicando la fase de forma productiva debemos crear estrategias que nos aseguren que no nos perderemos nada.

Entonces, ¿cuáles son estas habilidades, cómo podemos aprovechar esta sorprendente fase y de qué deberíamos cuidarnos? Si lees esta sección durante la fase Dinámica seguramente se te ocurrirán más ideas:

HABILIDADES:

- Confección de listas y priorización.
- Creación de estructuras y sistemas.
- Análisis y aprendizaje.
- Inicio de nuevos proyectos.
- Entusiasmo y automotivación.
- Seguridad y pensamiento positivo.
- Idealismo.
- Independencia y confianza en una misma.
- Ímpetu para hacer frente a todos los desafíos.
- Voluntad de asumir riesgos.
- Concentración y memorización.
- Defensa de otras personas.
- Defensa de lo correcto.
- Resolución de problemas y razonamiento lógico.
- Aprendizaje, pensamiento y planificación estructurados.
- Toma de decisiones.
- Excelencia en las habilidades mentales.

LO QUE NO FUNCIONA DEMASIADO BIEN:

- El apoyo a otras personas a nivel emocional.
- La comprensión empática.
- Los proyectos en conjunto; trabajar al ritmo de otra persona.
- La creatividad y las ideas abstractas.
- Dejarse llevar.
- Inactividad o pocos logros.
- Ceder poder y responsabilidad a terceros.

CUIDADO CON:

- Frustración y enfado cuando los demás no te siguen el ritmo.
- Frustración debida a la falta de estímulos mentales.
- Frustración debida a la falta de acción, resultados o movimientos de avance.
- Más probabilidades de tomar decisiones y asumir riesgos sin consultar a otros.
- Estar demasiado «en tu cabeza».
- Comenzar algo de forma prematura debido a un exceso de entusiasmo.
- Creer que llevas la razón en todo.
- Falta de paciencia y comprensión emocional.
- Intentar arreglar todo y ayudar a todos al mismo tiempo.
- Ser sociable pero centrada en tus propias necesidades.
- Parecer fría e insensible.
- Dar la apariencia de estar obligando, dictando o intimidando a los demás debido a tu frustración.

ESTRATEGIAS PARA LA FASE DINÁMICA:

Físicas

- Reiniciar tu dieta o plan de ejercicios.
- Practicar ejercicio físico con regularidad para quemar cualquier exceso de energía.
- Desafiarte físicamente con objetivos más complicados.
- Desafiar a tu mente y tu cuerpo aprendiendo una nueva actividad física.
- Empezar a comer alimentos sanos.
- Dejar de fumar o interrumpir cualquier otro hábito perjudicial.

- Alterar tus rutinas.
- Dormir menos.
- Salir más.
- Estimular tu mente y tu cuerpo al mismo tiempo.
- Tomar clases de danza, *step* o cualquier actividad aeróbica.

Emocionales

- Dedicar algunas noches a socializar.
- «Apropiarte» del mundo exterior a través de viajes, fiestas y eventos.
- Creer en todos los pensamientos positivos que tengas sobre ti.
- Disfrutar realmente poniéndote al día y haciendo todo lo que puedas.
- Disfrutar iniciando nuevos proyectos.
- Comenzar a aprender técnicas de desarrollo personal y aplicarlas en tus diferentes fases.
- Posponer las conversaciones profundas de corazón a corazón hasta la fase Expresiva.
- Prestar atención a no intimidar emocionalmente a otras personas.
- Evitar sentir que éste es tu verdadero «yo».
- Aceptar que esta fase pasará ¡y sacarle máximo provecho!

Laborales

- Ponerte al día con todos los proyectos, tareas y trabajos que dejaste relegados durante la fase Reflexiva.
- Realizar varias tareas al mismo tiempo para abarcar más.
- Después del período de hibernación de la fase Reflexiva, volver a contactar con la gente

- Aprender algo nuevo; apuntarte a un curso ¡o coger de una vez el manual de ese *software* que debes investigar!
- Aprender algo complejo; puede que te sorprenda descubrir lo mucho que puedes comprender y retener en esta fase.
- Analizar informes y cifras; hacer cálculos.
- Preparar informes, gráficos, estructuras y procesos lógicos.
- Crear planes estratégicos y tácticos.
- Investigar detalles, desglosar hasta llegar a los últimos elementos.
- Procurar tener un panorama general y planificar a largo plazo.
- Reforzar tus puntos de vista, ideas y experiencia.
- Pelear por lo que consideras correcto.
- Asumir conversaciones difíciles con cierto desapego; por ejemplo, si recibes quejas de los clientes.
- Ofrecer a tus compañeros de trabajo tiempo para ponerse al día, o dejar sus aportaciones hasta la fase Expresiva, en la que te resulta más sencillo trabajar en equipo.
- Intentar no parecer demasiado exigente o dictatorial en las comunicaciones.
- En la medida de lo posible, centrarte únicamente en proyectos; de esta manera podrás trabajar a tu propio ritmo.
- Negociar o mediar en aquellas circunstancias en las que se requiera un punto de vista analítico de observador.
- Proponer ideas, pero dejar las reuniones cara a cara para la fase Expresiva.
- Elegir un par de proyectos que te permitan expresar tu entusiasmo y motivación.
- Procurar que hacer cosas agradables fuera del trabajo se convierta en una prioridad tan relevante como trabajar.
- Emplear tu entusiasmo para motivar a tus compañeros de trabajo en lugar de intimidarles.
- Establecer sistemas que te permitan controlar los tiempos y sustentar las fases posteriores.

- Planificar reuniones, tareas y plazos de entrega de tal manera que puedas reforzar las otras fases y hacer uso de las habilidades asociadas a cada Momento óptimo.

CONSECUCIÓN DE OBJETIVOS:

- Crear planes de acción para el mes venidero.
- Volcarte de inmediato en la realización de varias tareas.
- Aprender nuevas habilidades y enfoques que puedan ayudarte a conseguir tus objetivos.
- Comparar enfoques y acciones con el progreso y los avances de otras personas, y aprender de ellos.
- Recurrir a las afirmaciones para programar tu mente y asegurarte seguridad personal y buenos resultados para el resto del mes.
- Recurrir a las afirmaciones positivas para apoyar tus objetivos.
- Formalizar objetivos y planes a largo plazo.
- Buscar información que sustente tus acciones y planes.
- Recopilar datos analíticos y reseñas en el área de tu objetivo.
- Centrarte en el dinero; elaborar planes y proyecciones financieras.
- Planificar y ejecutar de inmediato ciertas acciones vinculadas con tu objetivo, como tomar alimentos saludables, hacer dieta o empezar un plan de ejercicios.
- Seguir adelante con el objetivo de eliminar los «malos hábitos» reduciendo un aspecto negativo o bien incrementando uno positivo.

EL RETO:

- Mantener los pies en la tierra.
- Aprovechar el entusiasmo para motivar, en lugar de intimidar.
- Aceptar que las cosas no pasan tan rápidamente como quisiéramos.
- Reconocer los sentimientos y las aportaciones de otras personas.

TUS IDEAS SOBRE ACTIVIDADES PARA LA FASE DINÁMICA:

Capítulo 7

SACA PARTIDO AL MOMENTO ÓPTIMO DE LA FASE EXPRESIVA

La fase ovulatoria puede resultar muy sutil para algunas mujeres, ya que el cambio energético y de percepción suele desarrollarse de forma gradual. Sin embargo, algunas de nosotras notamos varios de los cambios físicos que pueden tener lugar tras la liberación del óvulo, y todos ellos nos recuerdan que debemos analizar nuestras habilidades y actitudes, y reconocer que nos encontramos en nuestra fase Expresiva.

Una de las razones por las que este período suele resultar difícil de identificar es que para muchas de nosotras las habilidades y actitud propias de la fase son el arquetipo de la condición femenina y, por consiguiente, deberíamos sentirnos de esa manera permanentemente. Solemos experimentar nuestro comportamiento como el «verdadero yo», y nos parece que dos de las tres fases restantes son disfuncionales.

La fase Expresiva es maravillosa, porque está colmada de sentimientos de alegría y dicha, creatividad y expresión personal, seguridad y satisfacción, altruismo y amor. Se trata de una fase que se centra en los sentimientos, pero,

> «(Fase Expresiva.) Buen momento para el trabajo creativo, como escribir historias, planificar y redactar informes. La planificación de lecciones también resulta más sencilla y las ideas fluyen de forma más estable.»
>
> MELANIE, docente,
> Reino Unido

a diferencia de la mayor introspección que notamos durante la fase Creativa, estos sentimientos son positivos por naturaleza y están vinculados a las relaciones, a la creación del mundo que nos rodea y a nuestra conexión con él.

Cualquiera que sea la actitud con que iniciemos a esta fase —ya se trate del alivio de regresar a nosotras mismas, la dicha de contactar con nuestra feminidad, el placer o el malestar de experimentar las energías femeninas «tradicionales» o la frustración de comprobar que el impulso de la fase Dinámica se diluye—, desde luego nos ofrecerá poderosas habilidades para mejorar nuestra vida personal y laboral.

GENERALIDADES SOBRE LA FASE EXPRESIVA

Las habilidades de este período se potencian aproximadamente en la fecha de ovulación y por lo general se hacen notar algunos días antes y otros tantos después. Además, al igual que la fase Reflexiva, este etapa resulta clave en nuestro ciclo, caracterizado por un debilitamiento de la fuerza impulsora del ego.

Así como la fase Reflexiva es un momento de introspección y renovación, la Expresiva resulta ideal para expresarnos como personas y manifestar así mismo nuestras energías en el mundo. Nuestro ego parece dejar paso a un punto de vista más altruista en el que nuestra voluntad, deseos y objetivos nos resultan menos importantes y nos tornamos más empáticas y conscientes de las necesidades que nos rodean. Sabemos que la fase Expresiva está finalizando cuando notamos los bríos cada vez más intensos de la fase Creativa y nos centramos más en nosotras mismas, volviéndonos menos tolerantes.

Durante la fase Expresiva, las necesidades y los sentimientos de los compañeros de trabajo y los clientes adquieren mayor prioridad que nuestros propios proyectos. También estamos más dispuestas a dejarnos llevar y permitir que las cosas sucedan a su debido tiempo. Es muy probable que nos dediquemos más a «alimentar» proyectos con el fin de crear el ambiente adecuado para ellos y las personas involucradas en su desarrollo que a ser los visionarios «motores» que obligan a todo el mundo a seguir su dirección.

La sensatez emocional de la fase Dinámica se convierte en fuerza emocional en la Expresiva. Aquí se combina además con paciencia y aceptación, lo cual nos permite pedir y legitimar la opinión y los aportes de otras personas. Nos notamos menos sensibles a las críticas y más capaces de comprender los sentimientos y la motivación que impulsan las palabras o las acciones de otras personas. Nuestra natural actitud protectora sumada a nuestra capacidad para escuchar y comunicarnos adecuadamente indica que éste es el Momento óptimo para respaldar proyectos y personas a través de reuniones serias, trabajo en equipo, compromisos de mediación, negociación de acuerdos seguros y establecimiento de contactos para crear nuevos negocios, contratos de trabajo y amistades.

Durante la fase Expresiva nuestra sensación de bienestar personal está directamente relacionada con la expresión de nuestros sentimientos de amor, aprecio, gratitud y cariño. Acciones como cuidar de nuestra familia y socializar con amigos nos sustentan en gran medida durante todo este período. Además, nuestra fuerza interior permite que podamos involucrarnos en la vida de otras personas sin sentirnos abrumadas por sus necesidades, algo que nos sucede con facilidad en la fase Creativa. Cuando pensamos en esta fase desde el punto de vista de la naturaleza debemos tener presente que nos está preparando para ser madres, para cuidar de un bebé y para crear las conexiones sociales a través de las cuales nuestro hijo y también nosotras podamos contar con el apoyo de otros.

La fase Expresiva es nuestro Momento óptimo para salir al mundo y establecer las conexiones que necesitamos para triunfar en nuestra carrera y conseguir nuestros objetivos, partiendo de un enfoque natural que puede resultar muy «femenino».

En la fase Dinámica tendemos a gravitar hacia los hombres en busca de un punto de vista más masculino y conseguir lo que nos proponemos; sin embargo, en la fase Expresiva es posible que busquemos un enfoque más centrado en las relaciones. Tal vez notemos que nos comportamos de forma muy diferente frente a nuestros colegas hombres y mujeres durante este período, y que los hombres reaccionan de manera subconsciente ante la «feminidad» de esta fase. Dependiendo de nuestros distintos puntos de vista podemos sacar ventaja de este hecho, ignorarlo o sentirnos incómodas al respecto.

En la fase Expresiva contamos con fuerza emocional interior y una inclinación a la extroversión, lo cual nos permite expresar quiénes somos y dar a conocer las fantásticas habilidades que podemos ofrecer. Utilizar todo el potencial de esta fase puede causar un impacto positivo sobre nuestra carrera y objetivos, y por supuesto también sobre nuestra familia y amistades.

LA CREATIVIDAD DE LA FASE EXPRESIVA

El ciclo menstrual es un ciclo de energía creativa femenina expresada en todas sus formas. Por desgracia solemos tener dificultades para comprender exactamente qué significa ser creativas y cómo aplicar esa habilidad a las actividades de nuestra vida cotidiana.

Si nos preguntamos «¿Somos creativas?», la respuesta suele ser «no», porque tendemos a vincular la creatividad con la creación de una obra maestra de la pintura o una sinfonía orquestal o un libro. Sin embargo, la creatividad abarca un abanico mucho más amplio, y forma parte del ciclo y la vida de toda mujer.

La creatividad es acción más que resultados. La expresamos en la inspiración, la capacidad de comprensión, la resolución de problemas, el pensamiento que surge inesperadamente, la planificación y la imaginación. La encontramos al crear publicidad, enseñar, presentar, dirigir y formar un equipo. Aparece en la «creación» de estructura, equilibrio y armonía; en las relaciones laborales; en las relaciones públicas y el servicio al cliente; en la comunicación eficaz y en la habilidad de generar orden a partir del caos.

Además de todo eso, la creatividad se manifiesta en áreas que normalmente tendemos a asociar con la palabra, como arte y diseño, escritura y música, danza y canto, actuación y representación, y en otras tareas consideradas más «femeninas», como cuidar y sustentar, alimentar y curar, cocinar y coser, cuidar el jardín, ocuparnos de la casa y criar a los hijos.

> «Me encanta la fase Expresiva. Me siento muy cariñosa y tengo paciencia para hacer manualidades para mis amigos y familiares […], todo lo cual me hace sentir que estoy expresando mis pensamientos y sentimientos ante el mundo.»
>
> Jo, recepcionista,
> Australia

De hecho, todas las anteriores son habilidades creativas «femeninas», lo que demuestra que contamos con Momentos óptimos durante el mes para expresar nuestras energías creativas de formas particulares.

> Cuando redefinimos nuestro concepto de «creatividad», todo el ciclo se convierte en una oportunidad excitante y arrebatadora.

La fase Expresiva es el Momento óptimo para las habilidades creativas «femeninas» más tradicionales. No, eso no significa que tengamos que salir a hornear pasteles ni a tejer patucos, aunque podría tratarse de una buena manera de impulsar nuestro bienestar durante esta fase. Lo que quiero decir es que contamos con excelentes habilidades para el trato con otras personas y para la comunicación, así como para plasmar nuestra capacidad intrínseca para las aplicaciones prácticas y el desarrollo, y nuestra facilidad para la enseñanza y la mediación. A todo esto añádele también una gran carga de fuerza emocional.

La «maternal» fase Expresiva y la familia ampliada

Durante la fase Expresiva nuestros compañeros de trabajo pueden llegar a convertirse en la «ampliación» de ese grupo de personas por quienes nos preocupamos (nuestra «familia»), razón por la cual deberíamos aprovechar nuestras habilidades sustentadoras para crear mejores y más profundas relaciones y formas de comunicación.

El menor ímpetu del ego y la mayor habilidad para empatizar convierten este período en el Momento óptimo para hablar con los demás. Ya que es menos probable que nos sintamos molestas o que percibamos cierta crítica cuando interactuamos con otras personas, podemos aprovechar esta fase para descubrir qué piensan realmente nuestros compañeros de trabajo sobre un proyecto o sus condiciones laborales, y qué opinan nuestros clientes sobre nuestro servicio. También estamos más dispuestas a dedicarnos a otras personas, así que ésta es una oportunidad ideal para restablecer relaciones con familiares, amigos y colegas que puedan haberse sentido «descuidados» durante las fases Reflexiva y Dinámica.

Durante la fase Expresiva también conseguimos escuchar mejor y validar las opiniones ajenas, lo cual nos permite pedir ideas y sugerencias sin sentir que nuestra posición está resultando amenazada. Podemos sacar buen provecho de esta fase para evaluar el trabajo de algún empleado, ya que somos más capaces de comunicar aprecio e interés por sus asuntos, y ofrecer apoyo práctico tanto a su trabajo como al papel que desempeña en el ámbito laboral. Desde luego que podemos señalar ciertos defectos y problemas, pero lo haremos de un modo más empático y comprensivo, motivándole a corregir lo que sea necesario y ofreciéndole apoyo emocional para que lo haga.

Para los líderes de equipos, éste es el Momento óptimo para reforzar la relación grupal analizando los puntos de vista de cada miembro, solucionando conflictos, apoyando el plan de trabajo y haciendo que cada persona sienta que su contribución al equipo es apreciada y valorada. Y todo esto es también aplicable a los «equipos» familiares.

En esencia, la fase Expresiva nos permite crear relaciones continuas, sustentadoras y beneficiosas para todas las partes implicadas. Podemos hacer uso de esta habilidad no solo para apoyar equipos de trabajo, sino también para cultivar y mantener al «equipo» de personas que nos apoya en el trabajo, que incluye desde el técnico, la secretaria, el jefe (o jefa), los compañeros de trabajo, los proveedores y los prestadores de servicios hasta nuestro mentor laboral, consejero comercial o asesor personal, consejero, mejor amigo, pareja y familiares.

La fase Expresiva nos concede la habilidad de fortalecer las relaciones que a la vez nos hacen fuertes a nosotras, y también nos ayuda a comunicarnos de un modo que nos haga obtener lo mejor de dichas relaciones. Contamos con suficiente sociabilidad y energía para interactuar con las personas de forma directa y ofrecerles nuestra atención, demostrándoles así que la relación que les une a nosotras y el apoyo que nos ofrecen son muy importantes. A cambio, nos conectamos con personas que pueden ser sabias consejeras en lo referente a ideas o problemas, que pueden ayudarnos cuando tenemos un exceso de trabajo o responsabilidades, que nos hacen la vida un poquito más fácil y que pueden tener contactos que nos permitan avanzar en nuestra carrera u objetivos. Conseguimos que la gente nos apoye hagamos lo que hagamos, tenga confianza en nuestra capacidad y nos anime y motive cuando el camino se dificulte.

¡LA FASE PARA BRILLAR Y CONSEGUIR LO QUE QUIERES!

La fase Expresiva no solo mejora las aptitudes comunicativas y la fuerza interior, sino también la conciencia y la paciencia para conseguir lo que deseamos persuadiendo amablemente a otras personas.

En la fase Dinámica podemos entrar con paso firme al despacho del jefe y exclamar que deseamos un aumento de sueldo por una lista de razones que demuestran que lo merecemos. En la Expresiva es más probable que orquestemos un encuentro aparentemente casual con el jefe y dirijamos la conversación con sutileza para resaltar los beneficios de nuestro trabajo y plantar la semilla que nos interesa, que es la idea de un aumento de sueldo. Como éste es un Momento óptimo para «nutrir», podemos alimentar la idea del aumento durante varios días, incitando a nuestro superior a creer que se le ha ocurrido a él o ella.

Durante esta fase somos mucho más capaces de seguir una táctica para conseguir lo que deseamos, y disponemos de suficiente paciencia y lucidez para convencer a quienes nos rodean sobre las ventajas de nuestra idea o punto de vista. ¿Estoy diciendo entonces que éste es el Momento óptimo para manipular a la gente? ¡Sí!

La fase Expresiva es el Momento óptimo para animar, guiar, persuadir, influir y manipular.

Todo esto puede hacernos parecer muy calculadoras; sin embargo, dentro de la fase Expresiva —en la que los sentimientos y el altruismo son importantes para nosotras—, el hecho de que manipulemos a otros deriva de nuestra voluntad de cuidar, guiar y dirigir.

También es más factible que nos comprometamos, dado que comprendemos y apreciamos el punto de vista o las circunstancias de otra persona pero también somos más capaces de exponer el nuestro y nos sentimos lo suficientemente seguras como para negociar desde una posición de autoestima y fuerza interior.

Somos como una madre paciente que intenta enseñar y persuadir a su hijo de que, frente a una manzana y un caramelo, siempre es preferible elegir la fruta.

Somos así mismo más emocionalmente inmunes a la ira o las reacciones violentas que nuestro punto de vista pueda desatar, y entonces es más probable que soportemos la situación y busquemos una solución positiva en lugar de dar la espalda, marcharnos o buscar una confrontación.

La fase Expresiva es el Momento óptimo para vendernos a nosotras mismas y nuestro trabajo, producto o servicio. Gozamos de la seguridad y las aptitudes comunicativas para vender «a puerta fría», establecer contactos, realizar reuniones y asistir a eventos, que al final se convierten en oportunidades de progreso y logros. Presentarnos en una conferencia podría desencadenar una propuesta interesante; una tarde de ventas a puerta fría podría hacernos conseguir una gran cuenta; los contactos con diferentes proveedores podrían reducir costes, y una oportuna llamada telefónica podría conducirnos al trabajo de nuestra vida. Éste es también un buen momento para ponernos en contacto con clientes y sugerir nuevos productos o servicios, pedirles su opinión, escuchar lo que desean o anticiparnos a sus necesidades. Las relaciones siempre son de a dos, así que éste es un excelente período para hacerles notar a los demás lo mucho que les estamos ayudando. Podemos salir con clientes y charlar con ellos para que no solo reconozcan el valor de nuestra empresa sino también el nuestro.

LA PACIFICADORA DE LA FASE EXPRESIVA

Entre las características más poderosas de la fase Expresiva figuran el descenso del dinamismo impulsado por el ego y la reducción de los miedos y las ansiedades creados por el subconsciente. Eso significa que somos más capaces de tomar distancia emocional de las personas agresivas y las situaciones conflictivas para tratarlas desde un punto de vista imparcial y abierto. Nos mantenemos en estado de alerta, comprendemos lo que sucede y contamos con aptitudes comunicativas para calmar la agresión de otras personas, sin olvidar que también somos capaces de ver ambas caras de una situación y empatizar con las partes conflictivas, todo lo cual nos permite mediar y arbitrar adecuadamente.

Así como durante este Momento óptimo conseguimos sacar lo mejor de un equipo, también podemos sacar lo mejor en las reuniones de trabajo, incluso de personas con puntos de vista y necesidades conflictivos. Si a esto le agregamos nuestra capacidad para fomentar el compromiso, conseguiremos convertir reuniones potencialmente destructivas en encuentros productivos.

La manera en que lidiemos con una reunión conflictiva variará dependiendo de nuestra fase. En la Reflexiva es mucho más probable que nos alejemos y no nos involucremos; en la Dinámica tal vez recurramos a la lógica y nos centremos en resolver el problema, aun a riesgo de descubrir que nos consideran frías y dictatoriales; y en la fase Creativa probablemente tendremos un «flash» de inspiración sobre la mejor solución posible, pero nadie se comprometerá con ella porque todos estarán muy ocupados luchando por su territorio.

El enfoque de la fase Expresiva puede simplemente consistir en recrear las relaciones positivas entre las partes en conflicto para que esa visión, lógica e inspiración puedan entrar en acción en otro momento y sean bien recibidas por ambas partes.

En la fase Expresiva no buscamos soluciones rápidas, sino que **deseamos dar con una solución a largo plazo, respaldar algo hasta que se convierta en lo que queremos y asegurarnos de embarcar a todo el mundo en el viaje.**

Saltar en los charcos

La fase Expresiva tiene que ver también con divertirse y celebrar la vida. Nuestros sentimientos de gratitud suelen aumentar durante esta fase, y el hecho de disfrutar de lo que tenemos nos hace sentir felices, motivo por el cual deseamos celebrarlo. Muchos libros de desarrollo personal enseñan que para ser felices debemos apreciar más lo que tenemos en lugar de luchar siempre por un nuevo objetivo material, laboral, personal o relativo a una relación.

La ventaja en nuestro caso es que la fase Expresiva nos ofrece esa actitud apreciativa de forma natural. Tal como sucede con las demás etapas del ciclo, si no interactuamos con nuestro Momento óptimo desperdiciaremos la magnífica oportunidad de dar un uso positivo a nuestras habilidades. Ignorar el Momento óptimo de la fase Expresiva significa perder la ocasión de experimentar profunda gratitud, dicha y felicidad, y también de expresar esos sentimientos de dos magníficas formas: dando y jugando.

El agradecimiento que sentimos por quienes somos y lo que tenemos se plasma de forma natural como un deseo altruista de dar. En el entorno laboral puede manifestarse como la voluntad de dedicar más tiempo a los clientes, ayudar a los compañeros de trabajo en sus tareas, escuchar o estar con alguna persona en particular, ¡o simplemente llevarle un café a alguien! La satisfacción no solo surge cuando somos felices, sino también cuando compartimos.

Otra manera de expresar la felicidad y la dicha que sentimos por ser quienes somos y estar donde estamos es el juego. Así que aunque nuestro trabajo consista en dirigir un imperio empresarial que factura miles de millones…, ¿cuándo fue la última vez que celebramos nuestra alegría de vivir saltando en los charcos? El juego es una acción divertida, sensual, creativa aunque sin sentido (aparte del hecho de que nos entretiene) y por demás improductiva.

Muchas de las expresiones creativas tradicionalmente «femeninas» encajan en este concepto del juego durante la fase Expresiva. Lo importante no es la bufanda, sino tejer; no es el jardín, sino el acto de tocar la tierra o la planta, y no es la tarta, sino el arte de cocinar (¡a menos que se trate de una tarta de chocolate, claro!).

El juego también puede ser meditativo; en efecto, podemos relajar la parte de nosotras que piensa y se preocupa, y divertirnos con la actividad. Es interesante comprobar que a pesar de que las fases Expresiva y Reflexiva se oponen en el ciclo, ambas son de naturaleza meditativa: en la fase Expresiva se trata de una meditación «activa», en tanto que en la Reflexiva hablamos de una meditación «tranquila».

Relajarnos y jugar nos ayuda a volver a conectar con quienes somos de verdad, al margen de las expectativas que otras personas tienen sobre nosotras; y eso convierte esta actividad en una poderosa herramienta para el alivio del estrés. El efecto del juego es más intenso durante esta fase si es sensual y creativo, despojado de cualquier otro propósito que no sea jugar.

Sin duda, dedicar tiempo al juego durante la fase Expresiva puede ayudarnos a mantenernos felices, enraizadas y alejadas del estrés cotidiano, lo que a su vez nos impulsa a mejorar en el trabajo y a nutrir y sustentar todavía más las relaciones importantes de nuestra vida.

No es de extrañar que muchas mujeres deseen permanecer en esta fase todo el tiempo; se sienten bien consigo mismas, experimentan profundos niveles de felicidad y bienestar, se muestran cariñosas y generosas con los demás, y se consideran emocionalmente fuertes, pacientes y capaces. Pero esta fase llega porque otras las preceden y siguen. Sin las fases que permiten que el ego explore y concrete sus deseos y ambiciones no tendríamos esa personalidad equilibrada capaz ofrecer apoyo altruista a todos. Sin la introspección en lo profundo de nosotras mismas durante la fase Reflexiva no existiría esa renovación que nos permite brillar en la fase Expresiva. Y sin el empuje y la firmeza de las fases dinámicas no podríamos librar las batallas que nos permitirán crear un mundo mejor.

> **Nuestra fuerza y nuestro poder no nacen de una sola fase, sino del fluir permanente de todas ellas mientras se sustentan y dan forma a la mujer que somos.**

SEAMOS NUESTRAS PROPIAS ANIMADORAS

La fase Expresiva es también un período importante para que conectemos con nuestra seguridad y autoestima a fin de desarrollarlas aún más. No es extraño que nos descubramos luchando por conseguir un nuevo objetivo o reducir la lista de «tareas pendientes», y por ese motivo no nos concedemos tiempo para apreciar nuestros logros. Cuanto más estresante resulte la situación, o más cerca estemos de las fechas de entrega, o más extensas sean las listas de tareas, menos probabilidades tendremos de apreciar lo que hemos conseguido y más nos centraremos simplemente en administrar. Cualquier idea de gratitud y éxito nos parecerá inalcanzable. Sin embargo, la experiencia de sentirnos triunfadoras nos ayudará a reforzar nuestra confianza en nosotras mismas y a reconocer más profundamente que contamos con fuerzas e independencia no solo para hacer realidad lo que queremos, sino también para manejar situaciones difíciles con calma y fortaleza.

La confianza en nosotras mismas surge de saber quiénes somos y qué podemos hacer, todo lo cual deriva a su vez de experimentar emocionalmente todos y cada uno de nuestros logros. Cuando no nos concedemos tiempo para experimentar las emociones positivas del éxito, solemos intentar encontrarlas en otras personas o en situaciones externas.

La fase Expresiva es el Momento óptimo para percibirnos a través de una serie de sensaciones tan intensas como la seguridad y la satisfacción de haber logrado nuestro cometido. Y nos resultará sencillo porque durante esta fase somos naturalmente apreciativas.

Experimentar la sensación de «éxito» establece un nivel de seguridad personal y autoestima que dura todo el mes, así que cuanto más sintamos nuestros logros más crecerá dicho parámetro.

Observa que he estado hablando de «sentir». Durante la fase Expresiva nuestros sentimientos son nuestra herramienta más importante para expresar e interactuar con el mundo que nos rodea. Por eso insisto en que para aumentar nuestra confianza en nosotras mismas debemos *sentir* nuestros triunfos. Podemos recurrir a nuestro intelecto para repasar el mes y ver lo que hemos logrado, pero también tenemos que despertar la emoción del éxito y la realización. Por fortuna, las habilidades de la fase Expresiva nos lo ponen más fácil ahora que en cualquier otro momento del mes.

Cuando ignoramos la fase Expresiva y no nos concedemos tiempo para sentir nuestros logros, nos perdemos a la mayor animadora que podríamos tener: ¡nosotras mismas! En otras palabras, desaprovechamos la oportunidad de incorporar el éxito a nuestro núcleo emocional y de desarrollar no solo una autoestima positiva, sino también una beneficiosa actitud de seguridad personal. Todos los meses desperdiciamos esta asombrosa oportunidad.

Es posible que mientras finaliza la fase Expresiva notemos que nuestras energías extrovertidas disminuyen y que crecen las experiencias más emocionalmente sensibles e inspiradoras de la fase Creativa. Ahora las cosas empiezan a ponerse realmente interesantes, así que agárrate fuerte mientras volvemos a montar en nuestra creativa y estimulante montaña rusa.

El Momento óptimo de la fase Expresiva

La fase Expresiva nos ofrece un amplio abanico de habilidades y destrezas que podemos aplicar eficazmente en nuestra vida personal y laboral. Intenta tomar conciencia de las diferentes habilidades que aparecen en la lista y aplícalas a las acciones sugeridas. Aprovecha el espacio libre para añadir tus propias ideas sobre actividades para la fase Expresiva.

Habilidades:

- Empatía y un punto de vista altruista.
- Creación de conexiones y relaciones sustentadoras.

- Grandes aptitudes para la comunicación y el contacto con otras personas.
- Atención a los sentimientos.
- Flexibilidad, capacidad de compromiso y facilidad para arbitrar y negociar.
- Capacidad para disfrutar de la vida; felicidad y alegría.
- Paciencia y amabilidad.
- Apoyo.
- Habilidad para tomar conciencia de las necesidades ajenas y comprenderlas.
- Habilidad para persuadir, guiar, enseñar y dirigir.
- Voluntad de sacrificar tus propias necesidades y deseos.
- Capacidad para escuchar y legitimar.
- Capacidad para sentir y expresar gratitud y aprecio.
- Amabilidad, cariño y apoyo.
- Aptitud para «leer» la expresión de los rostros e interpretar el lenguaje corporal.
- Comprensión de los sentimientos y la motivación de otras personas.
- Generosidad y cariño.
- Genialidad y encanto.
- Habilidad para sentir el éxito.
- Flexibilidad para cambiar tu rutina a fin de adaptarte a otras.
- Habilidad para aceptar situaciones y personas tal como son.
- Facilidad para ofrecer cobijo y construir un hogar.
- Capacidad para cuidar diariamente de otras personas y tu entorno.

LO QUE NO FUNCIONA DEMASIADO BIEN:

- Los sacrificios personales a largo plazo, ya que es posible que el impulso se origine en esta fase pero resulte exactamente opuesto a tus necesidades más profundas. Deberías primero analizar la idea durante las fases Creativa y Reflexiva.

- Esperar una actitud dinámica y agresiva.
- El pensamiento original.
- Pasar tiempo fuera de casa; el hogar puede resultar importante para el bienestar durante esta fase.
- Intentar parecer masculina.
- La motivación para conseguir objetivos materiales.
- El análisis de detalles.
- El pensamiento lógico.
- Las horas extra o llevar trabajo a casa.
- Actuar por tu cuenta.

CUIDADO CON:

- Asumir demasiado trabajo extra o responsabilidades por ayudar a otras personas.
- Que otras personas se aprovechen de ti: puedes llegar a ser demasiado generosa.
- No satisfacer tus propias necesidades, porque te sentirás frustrada.
- No dedicarte tiempo a ti misma.
- Sentirte culpable si dejas de hacer cosas por los demás.
- Sentirte culpable por no poder resolver todos los problemas del mundo.
- Medir tu autoestima en función de lo que otras personas ven y su forma de reaccionar frente a ti.
- Hablar demasiado en las reuniones.
- No actuar con rapidez.
- Dejarte llevar puede conducirte a negar tus necesidades y preferencias.
- Concederte menos espacio corporal y desear menos contacto físico.

- El tiempo dedicado a apoyar a otras personas o establecer contactos puede ser interpretado como improductivo.
- Un menor nivel de vigor puede ser interpretado como falta de interés y compromiso.
- Esperar ser así todo el tiempo.

ESTRATEGIAS:

Físicas

- Disfruta de tu sociabilidad y visita a amigos y familiares.
- Asiste a eventos y clases para hacer amigos e iniciar nuevas relaciones.
- Dedica tiempo a hacer lo que más disfrutas.
- Sal y ponte en contacto con la naturaleza.
- «Mima» tus sentidos y disfruta de ellos.
- Mantén contacto físico con otras personas (¡donde y cuando sea apropiado!)
- Haz ejercicio, sal a caminar, baila y diviértete con tu propio cuerpo.
- Toma tus alimentos favoritos, y conscientemente saborea y disfruta de cada bocado.
- Pon tu creatividad en acción; busca un pasatiempo que disfrutes.
- Alégrate de tus logros en el gimnasio.

Emocionales

- Mantén conversaciones sinceras.
- Ofrece consejo a otras personas.
- Aborda temas difíciles.
- Realiza trabajos de caridad o voluntariado.

- Pasa más tiempo de calidad con tu pareja, familiares y amigos.
- Apoya a otras personas, ya sea a través de comunicaciones o acciones.
- Analiza cómo puedes mejorar tus relaciones y pon tus ideas en acción.
- Cede cuando lo consideres apropiado, pero no pierdas de vista tus propias necesidades.
- Celebra una reunión familiar para fomentar la expresión, el arbitrio y la resolución de problemas.
- Regala abrazos.
- Revela a quienes te rodean cuánto les aprecias y qué sientes por ellos.
- Haz regalos simples para expresar gratitud.
- Haz cosas que te hagan sentir satisfecha y femenina (¡cómprate ese vestido carísimo que tanto deseas!).
- Dedica ciertos momentos del día a jugar con tus hijos y tu pareja.
- Confecciona una lista de tus logros cotidianos y siéntete realmente bien por haberlos alcanzado.
- Motívate pensando que tus tareas satisfacen de alguna manera las necesidades de otras personas.

Laborales

- Asiste a encuentros, conferencias, exhibiciones, grupos de trabajo y reuniones comerciales para ampliar tu red de contactos.
- Inicia conversaciones informales para entablar nuevos contactos.
- Dirige reuniones de apoyo de equipo y facilita la libre expresión de opiniones, ideas, quejas y dificultades.
- Centra tus aptitudes en cualquier disputa y genera compromiso y soluciones.

- Organiza «reuniones informales» para mediar y negociar en algún conflicto.
- Asesora o contribuye a guiar y apoyar a otras personas.
- Lleva una política de «puertas abiertas» durante la semana, permitiendo que todos expongan problemas, ideas o cuestiones no resueltas.
- Evalúa al personal.
- Identifica qué personas, proyectos o áreas necesitan apoyo para crecer; mantén la productividad u organiza un determinado cambio.
- Acércate a las personas y los proyectos con voluntad de desarrollarlos. Ofréceles la libertad de correr hasta que se salgan de la pista o cometan errores, y solo entonces ayúdales a retomar la dirección adecuada.
- Regresa al «sindicato» y habla cara a cara con el personal, los clientes o los proveedores.
- Ofrece enseñar durante esta fase, ya que destacarás en el aspecto de la comunicación.
- Preséntate como una persona próxima, capaz de ayudar, justa e imparcial.
- Crea una campaña para venderte tanto dentro de tu empresa u organización como frente a tus clientes.
- Aprovecha este período para exponer tus ideas y establecer una campaña entre tus contactos con el objetivo de que las aprueben.
- Habla con la gente; préstales atención, escucha y motiva.
- Contacta con personas a quienes consideres capaces de colaborar en la resolución de problemas o que apoyen tus proyectos. Pide ayuda si lo necesitas; no te importará si te la niegan.
- Aprecia lo mucho que haces por los demás.
- Contacta con tus proveedores para darles las gracias, y aprecia la labor de tus compañeros de equipo y el resto del personal.

- Encuentra salidas creativas en tu trabajo, como por ejemplo garabatear algún dibujo, escribir poemas o tejer un rato.
- Aprecia lo mucho que has aprendido y logrado el mes anterior.
- Convierte tu lugar de trabajo en un espacio más femenino; en otras palabras, créate un «hogar» cómodo en la oficina.
- Habla con tu jefe/a. Descubre lo que necesita, cómo puedes ayudarle y, sobre todo, muestra sutilmente lo buena trabajadora que eres.
- Haz un esfuerzo consciente por conectar con otras mujeres en tu trabajo o industria/especialidad.
- Aprovecha tus aptitudes comunicativas para vender tus ideas. Apunta alto.
- Identifica qué siente la gente y cuál es su motivación, y usa dicha información para adaptar tu propuesta.
- Aprovecha este período para aprender sistemas de relación y repasar conexiones, volumen de trabajo, informes y pautas de dirección.
- Comparte información con distintos departamentos, clientes y compañeros de trabajo para desarrollar nuevas líneas de comunicación.

CONSECUCIÓN DE OBJETIVOS:

- Busca y contacta con personas que puedan ayudarte a cumplir tus objetivos.
- Pide opinión sobre tus ideas y propuestas.
- Solicita reuniones personales, porque podrás comunicarte mejor de esta manera.
- Analiza tus objetivos y busca las conexiones que existen entre ellos.
- Céntrate en todo lo que has conseguido hasta ahora; y recompénsate, ¡porque te lo mereces!

- Practica exponer tus ideas frente a otras personas; redacta una introducción de 17 segundos.
- Evalúa el impacto positivo que la consecución de tu objetivo causará en otras personas.
- Dedica tiempo a apreciar el viaje que te ha conducido a tu meta: ¿qué has aprendido y de qué manera te ha hecho crecer?
- Piensa cómo puedes convencer a otras personas de que te ayuden; ¿existe alguna solución con éxito garantizado?

EL RETO:

- No dejes de lado todas tus necesidades.
- Desarrolla tu autoestima sin depender de los demás.
- Acepta que esta fase pasará y no asumas demasiadas responsabilidades ni exigencias emocionales.
- Concédete tiempo para jugar y disfrutar de la vida.
- Mantente motivada para conseguir tus objetivos materiales.

TUS IDEAS SOBRE ACTIVIDADES PARA LA FASE EXPRESIVA:

Capítulo 8

INTRODUCCIÓN AL PLAN DIARIO DE LA MUJER CÍCLICA

Antes de comenzar el Plan diario de la Mujer cíclica es conveniente que entiendas a qué apunta y cuáles son las herramientas fundamentales para trabajar con él. También te explicaré cómo comenzar y analizaré las preguntas más frecuentes.

EL PLAN DIARIO DE LA MUJER CÍCLICA

Se trata de la primera propuesta de autodesarrollo específicamente creada para la mujer a partir de las habilidades cíclicas inherentes al ciclo menstrual. El plan logra buenos resultados allí donde los demás fracasan, puesto que adapta una serie de acciones y técnicas a las habilidades que más se potencian en cada uno de los cuatro Momentos óptimos del ciclo.

He creado el Plan diario de la Mujer cíclica para que tomemos

«El plan de 28 días de Miranda Gray me ha ayudado a respetar, apreciar y comprender mucho mejor mi ciclo menstrual. Antes de comenzar el plan me sentía muy desconectada de él y la menstruación era una carga para mí. Ahora no solo he podido volver a conectar con mi ciclo, sino que he comenzado a reconocer el poder y la belleza que encierra.»

TESS, Recursos Humanos, Canadá

conciencia de nuestra naturaleza, comprendamos en profundidad nuestras experiencias únicas en cada fase y descubramos formas más enriquecedoras de aplicar a nuestra vida el conocimiento y las habilidades que más destacan en cada momento. Seguir el plan nos brinda la oportunidad de descubrir los Momentos óptimos y valernos de sus habilidades asociadas para provocar cambios impactantes y dinámicos en nuestra vida.

El Plan ofrece:

— información sobre las poderosas experiencias, potenciales y oportunidades de cada fase;
— sugerencias sobre cómo sacar mejor provecho de las energías físicas, mentales y emocionales, así como de las habilidades características de cada Momento óptimo;
— acciones prácticas diarias para incrementar nuestro bienestar, alcanzar objetivos y progresar en el trabajo;
— sugerencias que nos ayudarán a apoyar nuestras necesidades y disfrutar de cada fase;
— estrategias de apoyo a las que podremos recurrir cuando las circunstancias no concuerden con nuestro Momento óptimo;
— flexibilidad para individualizar el plan diario y crear así nuestro plan personal mensual y alcanzar nuestro máximo potencial.

Seguir el plan diario puede cambiar radicalmente nuestra forma de valorar nuestras habilidades, gracias a lo cual estaremos preparadas para superar las propias limitaciones. Los ciclos se convierten en una enriquecedora fuente de habilidades y oportunidades sorprendentes que podremos aplicar a nuestras tareas, y que nos permitirán destacar y conseguir los objetivos y la satisfacción que deseemos.

ACCIONES DIARIAS

En el plan, cada día se incluye un punto de atención especial, información sobre un aspecto específico de las habilidades del Momento óptimo, un plan de acción dirigido a nuestro bienestar, otro a la consecución de nuestros objetivos y un tercero que nos ayudará a mejorar nuestro trabajo.
Estas acciones diarias apuntan a mejorar las siguientes áreas:

1. **Bienestar**: seguridad y autoestima, creatividad, forma de vida, relaciones y aceptación, exploración de lo que significa ser cíclica y utilización del Momento óptimo para mejorar nuestra sensación de bienestar.
2. **Consecución de objetivos**: identificación de nuestros verdaderos objetivos y de qué tipo de acción tomar y cuándo; desarrollo de la motivación y utilización de los Momentos óptimos para conseguir el apoyo que necesitamos para alcanzar nuestros objetivos y sueños.
3. **Progreso en el trabajo**: aprovechamiento de nuestro máximo potencial, designación de tareas para los Momentos óptimos, planificación y estrategias, mayor eficacia laboral, mejora en la práctica profesional y creación de oportunidades.

Podemos concentrarnos en un único tipo de acción diaria durante un ciclo, o bien escoger entre las tres acciones la que mejor se ajuste a nuestro día.
Al principio es preferible que trabajemos solo con un tipo de actividades —por ejemplo, las acciones destinadas a alcanzar objetivos— durante un ciclo completo. Eso nos ayudará a apreciar realmente de qué manera el ciclo influye sobre esa área de nuestra vida y a descubrir que trabajar con nuestros Momentos óptimos nos permite alcanzar el máximo potencial, además de respaldarnos para efectuar cambios y acciones impactantes.

> **Al principio trabaja sobre una sola área durante un ciclo completo. Así obtendrás el máximo beneficio.**

CÓMO CONSEGUIR QUE EL PLAN DÉ RESULTADO

El Plan diario de la Mujer cíclica es una guía o mapa de los cambios cíclicos que experimentamos cada mes; sin embargo, el viaje por el ciclo resulta único para cada una de nosotras. Para intentar descubrir nuestros Momentos óptimos y sus cambios mentales, emocionales y físicos debemos emprender el viaje siguiendo tres pautas básicas: primero, **comparar las experiencias** de cada fase; segundo, **descubrir qué actividades nos resultan más fáciles,** y tercero, **reconocer que somos cambiantes.**

COMPARA LAS FASES

Para notar nuestros cambios debemos comparar nuestras habilidades en las diferentes fases. Y para eso tenemos que formularnos algunas preguntas:

«¿Qué tareas me resultan más sencillas, qué habilidades mías se potencian y cuál es mi forma natural de abordar las cosas?»

«¿Respondo mejor emocionalmente y resulto más empática en algunas fases que en otras? ¿Cuándo noto que mi altruismo alcanza su nivel máximo?»

«¿Noto que mi creatividad y capacidad para solucionar problemas tienen picos? ¿En qué momentos percibo que mis habilidades creativas se potencian y de qué manera las expreso?»

«¿Soy capaz de comprender y manejar mejor las cuestiones complejas en ciertas fases? ¿Cuándo se agudizan mis habilidades mentales y se fortalece mi capacidad para dedicarme a varias tareas simultáneamente?»

«¿Me expreso mejor en una fase que en otra? ¿En qué momentos noto que crece mi capacidad de comunicación?» «¿Cuándo me siento más frustrada? ¿A qué aspecto de mi fase estoy haciendo caso omiso?»

Si prestamos atención a nuestros cambios y comparamos la variación de nuestras habilidades de un Momento óptimo al siguiente descubriremos nuestro patrón personal de habilidades potenciadas.

Al poner en práctica el plan, muchas mujeres prefieren llevar simultáneamente un diario sobre sus experiencias, en el que explican si las acciones diarias sugeridas coinciden con sus habilidades. Pero dado que nuestra agitada vida laboral rara vez nos deja tiempo libre para escribir un diario, al final de cada Momento óptimo aparece un espacio en blanco en el que podremos resumir brevemente nuestras experiencias. Estos resúmenes no solo nos simplifican la tarea de identificar lo más destacado de nuestros Momentos óptimos, sino que también nos ayudan a comparar nuestras habilidades en los cuatro Momentos óptimos.

Tras llevar un registro de nuestras experiencias conseguimos descubrir qué tipos de habilidades se desarrollan más en cada Momento óptimo, y esta información, a su vez, nos facilita planificar con antelación las tareas del mes y asegurarnos de que aprovechamos al máximo nuestras habilidades más destacadas.

Descubre qué puedes hacer

En realidad solemos reparar más en lo que nos cuesta que en lo que se nos da mejor. Y eso crea un enfoque negativo de nuestro ciclo, además de provocar frustración y autocrítica. Por esa razón, a medida que un Momento óptimo se transforme en el siguiente, deberemos buscar los dones de la nueva fase y pensar imaginativamente cómo utilizarlos.

Pregúntate: «Si pretendo destacar, favorecer el cambio o alcanzar mis objetivos, ¿qué se me da bien y qué puedo hacer con dicha habilidad?».
Es posible que la respuesta te sorprenda y te abra a nuevas y estimulantes oportunidades.

> «Cuando estoy menstruando me siento más segura y organizada. Me resulta más sencillo encontrar estructura y sistematización, y soy más firme. Todas esas tareas normalmente me resultan muy difíciles porque sufro dislexia y dispraxia.»
>
> POLLYANE, empleada
> del Instituto de Gestión
> de la Vivienda,
> Reino Unido

RECONOCE QUE CAMBIAS

Una vez que reconocemos que nuestras habilidades varían durante nuestros ciclos, dejamos de luchar contra nuestra naturaleza cíclica para trabajar con ella y encauzar las energías de nuestros Momentos óptimos hacia aquello que queremos crear y alcanzar. Sin embargo, con frecuencia intentamos ser constantes a lo largo de todo el mes para cumplir con las expectativas de lo que creemos ser y de lo que deberíamos lograr. Nuestra sociedad y entorno laboral también esperan que seamos constantes en nuestras habilidades, y por ese motivo nos presionan cada vez más para que mantengamos permanentemente el mismo nivel de pericia e idénticas aptitudes.

Cuando reconocemos que experimentamos cambios durante el mes y trabajamos con dichas alteraciones, anulamos el estrés y generamos una mayor sensación de bienestar. También adoptamos una nueva y enriquecedora forma de vernos no solo a nosotras mismas, sino también nuestro desarrollo, carrera y objetivos.

Desde luego que no vamos a cambiar la sociedad ni el mundo empresarial de la noche a la mañana, pero al menos sí podemos reconocer que nuestros cambios cíclicos nos ofrecen la oportunidad de llegar más lejos y brillar.

Antes de comenzar el plan deberías repasar las cinco claves para el éxito enunciadas en el capítulo 2.

> **Una vez que hayas trabajado con el plan, tu misma y tu vida cambiará para siempre.**

EMPECEMOS

Para comenzar el Plan diario de la Mujer cíclica simplemente consulta la página referida al día específico de tu ciclo. Recuerda que el día 1 es el primero de la menstruación.

Lo más recomendable es comenzar el plan el primer día de la fase Dinámica, ya que, como hemos visto, se trata del Momento óptimo para iniciar nuevos proyectos. Así que podrías tomar el día 7 como punto de partida.

Si no sabes en qué día te encuentras ahora mismo, haz un cálculo aproximado. En caso de que notes que el plan para ese día no encaja con tus experiencias, avanza o retrocede hasta llegar al día que te parezca más adecuado.

> El Momento óptimo para comenzar el plan es el día 7 de tu ciclo.

Lee el texto de ese día y escoge la acción apropiada, según el área con la que desees trabajar. Lo ideal es que te dediques durante un ciclo completo a cada una de las áreas individuales.

Una vez que hayas comenzado el plan, tu opinión sobre ti misma y tu vida cambiará. Pero lo más notable es que tu relación con tu ciclo también variará, y esperarás ansiosamente cada fase, pendiente de las poderosas herramientas y recursos que ofrecen. Sobra aclarar que en realidad estas herramientas siempre han estado a tu disposición, pendientes de que las reconocieras y les dieras buen uso.

> **Si deseas triunfar en la vida, ¡saca provecho a tu ciclo!**

1. **Mi ciclo rara vez se mantiene regular, y el plan dura 28 días.
    ¿Puedo trabajar con él de todas formas?**

    Claro que sí. La única diferencia radica en que con un ciclo más breve o más prolongado los Momentos óptimos posiblemente cambien a días diferentes de los mencionados en estas páginas. A medida que conozcas el plan y trabajes con él, observa si las acciones sugeridas encajan con tus habilidades y sentimientos de esa fase; si no es así, avanza un poco en el plan o bien retrocede algunos días hasta encontrar una acción que consideres más acertada.

2. **Mis habilidades y el número de días de mi ciclo no parecen ajustarse a tu plan. ¿Eso significa que algo va mal en mí?**

    ¡En absoluto! El ciclo de cada mujer es único, y con mucha frecuencia la forma de experimentarlo puede cambiar de un mes al siguiente. Es posible que en tu ciclo natural tu fase Creativa tenga una duración de dos semanas en lugar de una, o que tu fase Reflexiva dure solo tres días.

    La idea de este libro es ayudarte a **tomar conciencia de tu ciclo y tus habilidades únicas,** y a que encuentres formas prácticas de aplicar esas aptitudes durante tus Momentos óptimos. Te aconsejo que experimentes y uses el plan como una forma de descubrir tu ciclo único.

    Si notas que tu fase Creativa dura dos semanas, simplemente dedica dos días a cada acción en lugar de uno. Y si tu fase Reflexiva solo dura tres días, sé consciente de que empezarás la fase Dinámica antes. Cuando conozcas tu ciclo individual y las habilidades que se potencian en él comenzarás a notar en qué momentos se producen los cambios y cómo sacar mayor provecho a los Momentos óptimos.

3. **Tomo la píldora / Me he hecho una histerectomía. ¿Puedo usar el plan de todas formas?**

Si sigues un ciclo hormonal, ya sea natural o artificial, con o sin útero, no hay razón que te impida poner en práctica el plan. Posiblemente notes que tus experiencias difieren de las mencionadas en el libro, pero el plan te ayudará a tomar conciencia de tus habilidades y a descubrir tus Momentos óptimos. También te ofrecerá algunas magníficas ideas prácticas sobre cómo aprovechar todas esas aptitudes.

4. **Ya he entrado en la menopausia. ¿Merece la pena trabajar con el plan o es demasiado tarde?**

No, no es tarde, y de hecho el plan es ideal para las mujeres menopáusicas. Evidentemente no trabajarás sobre un ciclo regular, pero el plan te ayudará a reconocer los cambios que experimenten tus habilidades y te sugerirá formas prácticas y positivas de aplicar dichas aptitudes en cuanto surjan. Si tu fase Reflexiva dura semanas, te resultará sumamente valioso contar con tanto tiempo para analizar realmente tu vida y decidir qué es lo importante para ti y qué quieres hacer. Y si tu fase Dinámica dura meses, dispondrás de una estupenda oportunidad para hacer cosas y conseguir objetivos.

Trabaja con el plan y aprovecha este período de tu vida para crear el futuro que deseas.

5. **¿Por qué empiezas el plan el día 7?**

El día 7 marca el inicio de la fase Dinámica, que es aquella en la que experimentamos mayores niveles de energía física y mental. Ése es el Momento óptimo para emprender nuevos proyectos, y por consiguiente el período ideal para comenzar el plan.

6. **¿Puedo comenzar el plan si no sé en qué día del ciclo me encuentro?**

Desde luego. Puedes calcular dónde te encuentras en tu ciclo actual y ver si la información y las acciones parecen concordar con tus energías y habilidades. Si no se corresponden, adelántate unos días o retrocede hasta dar con el día que más se aproxime.

7. **¿Mi ciclo tiene realmente cuatro fases?**

La respuesta es sí y no.

El ciclo menstrual se basa en dos circunstancias, la ovulación y la menstruación, y en los cambios hormonales producidos entre ambos procesos. El ciclo es un flujo complejo de experiencias físicas, mentales y emocionales, lo que significa que tu expresión y habilidades naturales cambian gradualmente a lo largo del ciclo. Por ejemplo, el comienzo de tu fase Creativa será una mezcla de atributos de las fases Creativa y Expresiva, mientras que hacia el final de la etapa es más probable que notes una mezcla de energías y atributos de las fases Creativa y Reflexiva.

Para ayudarte a identificar lo que sucede durante el ciclo, he agrupado los días que lo conforman en cuatro fases de atributos similares, que son tus Momentos óptimos. Esto te facilitará establecer comparaciones a lo largo del ciclo, y al comparar experiencias conseguirás darte cuenta de que tus habilidades cambian de manera natural de una semana a otra.

Las cuatro fases hormonales representan un buen punto de partida. Sin embargo, si has decidido crear tu Diagrama cíclico personal tal como se explica en el capítulo 10 es posible que descubras que puedes identificar más de cuatro fases diferentes que se repiten a lo largo de tu ciclo.

8. **Seguramente, además del ciclo existen otros factores que cambian mis habilidades y sentimientos, ¿verdad?**

   Sí, muchas cosas pueden afectar tus habilidades y tu manera de percibir el mundo. Entre ellas figuran la enfermedad, la medicación, la falta de sueño, el cambio de zona horaria, las drogas y el alcohol, el estrés, el amor y el ejercicio..., ¡por nombrar solo algunas!

   En consecuencia, resulta conveniente que escribas un diario en el que dejes constancia durante unos meses de tus habilidades y sentimientos, puesto que así podrás reconocer el patrón que sigues.

9. **¿Puede mi hija trabajar con el plan?**

   No hay ningún problema en que enseñes el plan a tu hija. De hecho, es importante que compartamos nuestras experiencias con las generaciones más jóvenes para que las jovencitas comprendan sus habilidades cíclicas.

10. **¿Cómo es posible que una sola fase sea «creativa» si yo me siento de esa manera durante todo el mes?**

    El ciclo menstrual es un proceso de diferentes formas de creatividad. Puedes «crear» acciones durante la fase preovulatoria, relaciones durante la ovulación, ideas inspiradas en la fase premenstrual y profundas conexiones internas durante la menstruación.

    Los nombres escogidos para las fases intentan resumir el patrón esencial de cada una de ellas. La Creativa refleja una marcada habilidad mental para elaborar la realidad tanto a través de los pensamientos negativos como de las ideas y las visiones inspiradas, y además se caracteriza por el impulso de crear algo físico, aunque solo sea orden en una habitación desordenada.

11. **Llevo un tiempo consultando a un orientador personal / orientador empresarial. ¿El Plan diario está reñido con este trabajo personal?**

No. El Plan diario de la Mujer cíclica se complementa bien con cualquier tipo de terapia, ya que tú misma determinas tus objetivos, plazos para conseguirlos y fechas de repaso, y puedes ajustarlos a tus Momentos óptimos. Si lo deseas puedes explicar el concepto del plan a tu terapeuta, o simplemente procurar que tu plan de acción coincida con tus Momentos óptimos. Una vez que conozcas dichos períodos y sus habilidades asociadas te resultará más sencillo juzgar lo que puedes conseguir y cuándo.

> **¡Seguir el plan es como tener una sesión diaria de orientación personal!**

12. **Ya estoy poniendo en práctica varias técnicas de autodesarrollo. ¿Puedo incorporarlas al plan?**

¡Claro! Eso es exactamente lo que hacen las mujeres que utilizan el plan, que no es más que un punto de partida, un modelo a partir del cual puedes dar forma a tu ciclo y tus habilidades. Deberías entonces recurrir a las técnicas de autodesarrollo cuando éstas «sintonicen» con tus Momentos óptimos, o bien adaptarlas de manera que concuerden con tus habilidades naturales.

De todas formas, en la medida de tus posibilidades intenta recurrir a técnicas que te ayuden a aceptar aquellos aspectos de una fase particular que consideres malos o negativos, en lugar de intentar corregirlos. No son negativas las fases del ciclo, sino nuestra manera de enfocarlas.

Capítulo 9

EL PLAN DIARIO DE LA MUJER CÍCLICA

> **Si deseas triunfar en la vida, ¡saca provecho a tu ciclo!**

RESUMEN DEL PLAN

Fase Dinámica

Día 7 del ciclo: ¡Nueva energía!
Acción dirigida al bienestar: ponerte al día con tus tareas.
Acción dirigida a la consecución de objetivos: investigar y documentarte.
Acción dirigida al aspecto laboral: abordar cuestiones e información complejas.

Día 8 del ciclo: Planificación y análisis
Acción dirigida al bienestar: cuidar tu salud.
Acción dirigida a la consecución de objetivos: planificar el mes venidero.
Acción dirigida al aspecto laboral: analizar la situación actual.

Día 9 del ciclo: Inicio de proyectos
Acción dirigida al bienestar: prepararte.
Acción dirigida a la consecución de objetivos: esforzarte.
Acción dirigida al aspecto laboral: aprender algo nuevo.

el ciclo: **Enriquecimiento individual**
lirigida al bienestar: recurrir al poder del pensamiento.
Acción dirigida a la consecución de objetivos: crear una sensación de triunfo y satisfacción.
Acción dirigida al aspecto laboral: centrarte en ti misma.

Día 11 del ciclo: Creencia positiva

Acción dirigida al bienestar: recurrir a las afirmaciones positivas.
Acción dirigida a la consecución de objetivos: creer en el futuro.
Acción dirigida al aspecto laboral: centrarte en lo que disfrutas.

Día 12 del ciclo: Corregir errores

Acción dirigida al bienestar: ponerte en pie.
Acción dirigida a la consecución de objetivos: imaginar las consecuencias.
Acción dirigida al aspecto laboral: convertirte en defensora.

Día 13 del ciclo: Preparación para la fase Expresiva

Acción dirigida al bienestar: recuperar el contacto.
Acción dirigida a la consecución de objetivos: alimentar tus proyectos.
Acción dirigida al aspecto laboral: sentirte a gusto realmente en el trabajo.

Fase Expresiva

Día 14 del ciclo: Fundar las bases del éxito y seguridad personal

Acción dirigida al bienestar: aplicar la imaginación positiva.
Acción dirigida a la consecución de objetivos: crear pruebas.
Acción dirigida al aspecto laboral: reconocer tus logros.

Día 15 del ciclo: Comunicación

Acción dirigida al bienestar: aceptarte.

Acción dirigida a la consecución de objetivos: buscar otros puntos de vista.
Acción dirigida al aspecto laboral: evaluar las necesidades de otras personas.

Día 16 del ciclo: Expresión de aprecio

Acción dirigida al bienestar: disfrutar de lo que tienes.
Acción dirigida a la consecución de objetivos: apreciar el viaje.
Acción dirigida al aspecto laboral: apreciar a otras personas.

Día 17 del ciclo: Compromiso y equilibrio

Acción dirigida al bienestar: crear armonía en tu espacio.
Acción dirigida a la consecución de objetivos: crear soluciones infalibles.
Acción dirigida al aspecto laboral: abordar bloqueos y disputas.

Día 18 del ciclo: Persuasión y contactos

Acción dirigida al bienestar: ser activamente sociable.
Acción dirigida a la consecución de objetivos: contactar con el apoyo que buscas.
Acción dirigida al aspecto laboral: establecer contactos.

Día 19 del ciclo: Exponer ideas y vender conceptos

Acción dirigida al bienestar: conseguir ayuda y apoyo.
Acción dirigida a la consecución de objetivos: vender tu sueño.
Acción dirigida al aspecto laboral: vender tus ideas.

Día 20 del ciclo: Preparación para la fase Creativa

Acción dirigida al bienestar: organizar la semana próxima.
Acción dirigida a la consecución de objetivos: identificar áreas que requieran creatividad.
Acción dirigida al aspecto laboral: optimizar tus recursos.

Fase Creativa

Día 21 del ciclo: Expresión de la creatividad

Acción dirigida al bienestar: hacer pausas creativas de dos minutos.

Acción dirigida a la consecución de objetivos: crear algún objeto físico.

Acción dirigida al aspecto laboral: aplicar tu vena creativa.

Día 22 del ciclo: Estímulo del subconsciente

Acción dirigida al bienestar: activar la investigación mental.

Acción dirigida a la consecución de objetivos: observar las reacciones ajenas y buscar sincronicidad.

Acción dirigida al aspecto laboral: apelar a las tormentas de ideas.

Día 23 del ciclo: Pequeñas cosas

Acción dirigida al bienestar: nutrirte.

Acción dirigida a la consecución de objetivos: dar pequeños pasos.

Acción dirigida al aspecto laboral: hacer pequeñas cosas.

Día 24 del ciclo: Preparación para la fase Reflexiva

Acción dirigida al bienestar: buscar tiempo libre.

Acción dirigida a la consecución de objetivos: priorizar.

Acción dirigida al aspecto laboral: crear soluciones organizativas.

Día 25 del ciclo: Ritmo más calmo

Acción dirigida al bienestar: permitir que tu cuerpo suavice su ritmo.

Acción dirigida a la consecución de objetivos: ser realista.

Acción dirigida al aspecto laboral: distribuir mejor el tiempo.

Día 26 del ciclo: Limpieza

Acción dirigida al bienestar: «limpiarte» emocionalmente.

Acción dirigida a la consecución de objetivos: concentrar tu energía.

Acción dirigida al aspecto laboral: hacer una limpieza a fondo.

Día 27 del ciclo: Necesidades internas

Acción dirigida al bienestar: escuchar tus necesidades.
Acción dirigida a la consecución de objetivos: centrarte en tus necesidades más profundas.
Acción dirigida al aspecto laboral: no tomarte nada a título personal.

Fase Reflexiva

Día 28/1 del ciclo: Meditación y vida

Acción dirigida al bienestar: meditar.
Acción dirigida a la consecución de objetivos: relajarte.
Acción dirigida al aspecto laboral: trabajar con tus energías.

Día 2 del ciclo: Contacto con tu verdadero ser

Acción dirigida al bienestar: liberarte de la carga.
Acción dirigida a la consecución de objetivos: redescubrir la satisfacción.
Acción dirigida al aspecto laboral: ser fiel a ti misma.

Día 3 del ciclo: Prioridades reales

Acción dirigida al bienestar: cambiar «debería» por «podría».
Acción dirigida a la consecución de objetivos: redefinir tu lista interna.
Acción dirigida al aspecto laboral: identificar las fuentes de presión.

Día 4 del ciclo: Anular la resistencia

Acción dirigida al bienestar: aceptar la conexión interior.
Acción dirigida a la consecución de objetivos: descubrir tu resistencia.
Acción dirigida al aspecto laboral: tomar una nueva dirección.

ciclo: **Revisión**

dirigida al bienestar: reflexionar sobre cuestiones personales.

Acción dirigida a la consecución de objetivos: comprobar tu progreso.

Acción dirigida al aspecto laboral: experimentar una sensación general.

Día 6 del ciclo: Preparación para la fase Dinámica

Acción dirigida al bienestar: elegir aventuras.

Acción dirigida a la consecución de objetivos: actuar en función de tu meta.

Acción dirigida al aspecto laboral: concentrar tus energías.

Fase Dinámica
Día 7

MOMENTO ÓPTIMO PARA: ¡NUEVA ENERGÍA!

Bienvenida a la fase Dinámica, el inicio de un nuevo mes. Los próximos 28 días nos resultarán realmente apasionantes: atravesaremos cada uno de sus diferentes Momentos óptimos y aprovecharemos sus habilidades asociadas para intentar llevar a cabo los cambios que nos hacen falta para alcanzar el éxito y la satisfacción. Debemos recordar que cada mes nos brinda la oportunidad de basarnos en lo que hemos experimentado y alcanzado durante el mes anterior para comenzar de nuevo, dejando atrás cualquier carga emocional, acción o expectativa que no haya resultado como esperábamos.

Nuestro mes arranca con un incremento natural de nuestras energías, entusiasmo y seguridad personal. Hemos dejado atrás la etapa de la hibernación y en los próximos días sentiremos el impulso de hacer cosas, ponernos al día con las tareas que hemos dejado pendientes en la fase Reflexiva, comenzar nuevos proyectos, defender lo que consideramos correcto y seguir los dictados de nuestro corazón. En otras palabras, conseguiremos trasladar a nuestro mundo cotidiano la profunda comprensión y los grandes compromisos logrados en la fase Reflexiva, convertidos en acción dinámica positiva.

La fase Dinámica se asemeja a la primavera, puesto que se trata de un período para alimentar y regar las semillas de nuevas ideas, y ayudarlas a convertirse en los primeros brotes. Posteriormente, en la fase Expresiva, podremos ocuparnos del crecimiento y recoger el fruto; durante la fase Creativa cortaremos la madera muerta, y en la fase Reflexiva reconoceremos qué nuevas semillas hemos de plantar para otra vez verlas crecer.

ACCIÓN DIRIGIDA AL BIENESTAR:
PONERTE AL DÍA CON LAS TAREAS ATRASADAS

Disfruta de tu nueva fuente de energía dinámica y aprovecha este período para «actuar». Estudia la lista de tareas pendientes que confeccionaste el día 3 o, si acabas de comenzar el plan, escribe una lista de las cosas que no conseguiste hacer el mes pasado y las tareas que pretendes terminar este mes. ¿Cuántas podrías concretar esta semana? Recuerda que si una de estas actividades resulta más adecuada para otra fase —y los tiempos te lo permiten— puedes apuntar en tu diario cuándo tienes pensado ponerte con ella.

También es hora de que empieces a ocuparte de aquellas tareas que has intentado hacer durante meses o incluso años. Con tus elevados niveles de energía serás capaz de adelantar mucho en poco tiempo y perderás el estrés y la culpa con los que has cargado hasta ahora.

ACCIÓN DIRIGIDA A LA CONSECUCIÓN DE OBJETIVOS:
INVESTIGAR Y DOCUMENTARTE

Además de contar con más energía física, tus procesos mentales también serán más agudos y veloces, así que empieza a ejercitar la mente.

Éste es el Momento óptimo para determinar qué acciones llevarás a cabo este mes con el fin de alcanzar tus objetivos. Respalda tu plan de acción leyendo libros de orientación personal o sobre el éxito y la satisfacción, e investigando y cotejando información relevante.

Pon en práctica métodos de consecución de objetivos como la programación neurolingüística (PNL), observa a qué técnicas recurren las personas de éxito que te rodean y analiza de qué manera podrías hacer lo mismo que ellas.

ACCIÓN DIRIGIDA AL ASPECTO LABORAL:
ABORDAR CUESTIONES E INFORMACIÓN COMPLEJAS

El impulso de la fase Dinámica, que apunta principalmente a los objetivos y los logros, puede hacerte perder la empatía hacia otras personas. Tus acciones y palabras pueden parecer demasiado enfocadas hacia esas dos cuestiones, o incluso sonar agresivas y dictatoriales. No obstante, éste es un magnífico momento para el análisis práctico y la planificación, aunque necesitarás trabajar primero a solas antes de presentar las ideas a otros. Si espacias tus momentos «eureka» y compartes tus ideas conseguirás que tus pensamientos alcancen un ritmo más paciente que te permita explicar tus soluciones y planes.

Trabaja hoy un rato a solas sobre cualquier problema que incluya detalles complejos, aspectos múltiples, coordinación, planificación, estructura y organización.

Fase Dinámica
Día 8

MOMENTO ÓPTIMO PARA: PLANIFICAR Y ANALIZAR

La fase Dinámica nos brinda la oportunidad de apreciar el panorama general y simultáneamente centrarnos en los pequeños detalles, lo cual la convierte en el Momento óptimo para examinar planes a corto y largo plazo ya existentes, y crear otros nuevos.

Las técnicas de orientación personal nos obligan a pensar en nuestras necesidades y objetivos en la vida, así como a determinar en qué medida estamos dispuestas a dedicar más tiempo y esfuerzo para conseguirlos. Las fases anteriores ya nos habrán indicado qué es importante para nosotras y en qué dirección deberíamos dirigir nuestros esfuerzos.

Tras haber elegido comprometernos con un objetivo primordial durante la fase Reflexiva, podemos ahora centrarnos en los poderes de nuestra «mentalidad de fase Dinámica» y superar todas las etapas que nos permitirán conseguirlo. Éste es nuestro plan de acción a largo plazo. Luego podemos subdividir cada acción en varias tareas, comenzando por lo que haremos hoy.

Los objetivos y los planes de acción necesitan un plazo de ejecución que nos motive a hacerlos realidad. Podemos aprovechar esta fase para pensar en qué momento nos gustaría alcanzar nuestra meta, y analizar si la lista de acciones y tareas requeridas resulta realista. Las fuertes funciones analíticas y de razonamiento propias de esta fase nos permiten crear listas de tareas pendientes sin sentirnos emocionalmente abrumadas, lo cual sí podría suceder durante la fase Creativa. Tenemos la oportunidad de apreciar el panorama general y dividir nuestros objetivos en estimulantes tareas mensuales, semanales y diarias que nos mantengan siempre activas durante el mes.

ACCIÓN DIRIGIDA AL BIENESTAR: CUIDAR LA SALUD

Es posible que durante las fases Creativa y Reflexiva hayas perdido el interés en salir, practicar actividad física y vivir de forma sana. El entusiasmo y la motivación de la fase Dinámica implican que éste es el Momento óptimo para recomenzar tu dieta, establecer el peso al que quieres llegar este mes o tu nuevo régimen de alimentación sana, y planificar tus comidas para las próximas semanas. Pésate solo una vez al mes, y durante esta fase. Cualquiera que sea la cifra que leas, resultará una autoimagen positiva y será una motivación para mantenerla.

Utiliza las excelentes habilidades de planificación con las que cuentas en este período para determinar cómo puedes hacer más ejercicio todos los días, organizar las sesiones en el gimnasio o asistir a clases de yoga, Pilates o incluso de danza del vientre. Planificar y organizar en este período te ayudará a mantenerte motivada durante las fases menos enérgicas.

Tu mente también estará lista para aprender algo nuevo y dispuesta a ponerlo en práctica, lo cual convierte esta fase en el mejor momento para leer libros de autodesarrollo y asistir a talleres y clases sobre el tema.

ACCIÓN DIRIGIDA A LA CONSECUCIÓN DE OBJETIVOS: PLANIFICAR EL MES VENIDERO

Si acabas de comenzar el plan, utiliza hoy mismo tus agudas habilidades mentales para decidir cuál será tu objetivo este mes y crear un plan de acción, es decir, una lista de tareas que necesitarás llevar a cabo para alcanzarlo.

Si, por el contrario, llevas un mes siguiendo el Plan diario de la Mujer cíclica, ya habrás analizado tu compromiso emocional con tus objetivos durante la fase Reflexiva y ahora estarás en condiciones de reutilizar este nuevo Momento óptimo para comenzar a planificar tus acciones prácticas y organizar los plazos para este mes. Si lo deseas puedes así mismo incluir cualquier cambio que hayas incorporado a tus objetivos durante el último mes, detalles del plan de acción del mes pasado que quedaron inconclusos o cualquier variación en los plazos de ejecución.

Recurre a tu diario personal, al Plan diario de la Mujer cíclica y a tu lista de tareas para determinar, en la medida de lo posible, los Momentos óptimos para cada tarea. Obviamente, no siempre es posible actuar dentro de los Momentos óptimos, pero eso no significa que no consigas completar tu plan de acción, sino simplemente que no estarás trabajando precisamente en sintonía con las habilidades que esta fase ha potenciado.

ACCIÓN DIRIGIDA AL ASPECTO LABORAL:
ANALIZAR LA SITUACIÓN

La fase Dinámica aumenta tus habilidades analíticas, lo cual la convierte en un período ideal tanto para establecer el estado de los proyectos actuales como para actualizar programas, compromisos y plazos de entrega. Analiza actividades laborales como archivar y redactar informes, y diseña métodos de trabajo más efectivos.

Las habilidades mentales que se potencian en esta fase implican, así mismo, que dispones de capacidad para centrarte en detalles, así que aprovecha este período para leer la letra pequeña de los contratos, formular propuestas financieras, leer con atención documentos complejos y redactar o corregir informes.

Fase Dinámica
Día 9

MOMENTO ÓPTIMO PARA: COMENZAR PROYECTOS

Cuando iniciamos nuevos proyectos desconociendo nuestros Momentos óptimos nos parece que nunca conseguimos el resultado que deseamos, y eso nos produce sorpresa y frustración. Si, por ejemplo, intentamos comenzar una dieta o dejar de fumar en nuestras fases Creativa o Reflexiva, nuestros bajos niveles de energía, seguridad y motivación nos estarán augurando una menor probabilidad de conseguir nuestra meta. Cuanto más insistamos en iniciar un proyecto en el momento inadecuado y no alcancemos nuestro objetivo, mayores serán las posibilidades de que nuestra seguridad personal y autoestima sufran. Lógicamente, el mejor momento para abordar un proyecto es aquel en el que nos sentimos seguras y contamos con energía para organizar nuestra vida y apoyar así la nueva tarea. Hablamos, claro está, de la fase Dinámica.

Esta etapa potencia todas las habilidades que necesitamos para comenzar a actuar: alta motivación, seguridad en nuestras aptitudes, agudeza mental y resistencia física. Con frecuencia oigo a muchas mujeres comentar que desearían permanecer en esta fase durante todo el mes; pero si bien la fase Dinámica resulta muy adecuada para empezar cosas, lo cierto es que carece de la continua capacidad de apoyo propia de la fase Expresiva, la inspiración de la Creativa y la sabiduría de la Reflexiva. Cuando sacamos el mayor provecho posible a nuestras habilidades en sus Momentos óptimos, tenemos muchas más probabilidades de alcanzar nuestros objetivos y superar nuestras expectativas.

ACCIÓN DIRIGIDA AL BIENESTAR: PREPARARTE

Éste es el Momento óptimo para comenzar nuevos proyectos. Deja que tu entusiasmo e ímpetu te motiven a dar los primeros pasos. Un viaje de mil kilómetros empieza con un paso, así que entra en acción **ya**.

Estudia tus proyectos actuales y recurre a tu fase Dinámica para recargarlos de energía o bien para iniciar una nueva etapa o nivel. Si estás dejando de fumar podrías dar el siguiente paso y reducir todavía más el número de cigarrillos diarios, o si estás entrenando en el gimnasio podrías comenzar a aumentar las repeticiones. No te pierdas esta magnífica oportunidad de **revitalizar proyectos existentes** y **comenzar otros nuevos**.

ACCIÓN DIRIGIDA A LA CONSECUCIÓN DE OBJETIVOS: ESFORZARTE

Ya has planificado (día 8) y cuentas con tu lista de tareas, así que te toca entrar en acción. En esta fase tienes que esforzarte: cuentas con el respaldo de tu capacidad para realizar muchas tareas al mismo tiempo y también con tu energía física. Tal vez notes que alcanzas niveles de concentración y vigor que llevan a quienes te rodean a sentirse descuidados o aislados. Tómate tu tiempo para explicarles, entonces, que ésta es tu semana óptima para entrar en acción y que simplemente la estás aprovechando al máximo para ponerte al día en tus tareas o impulsar tus proyectos. Ya te centrarás más en ellos cuando entres en tu fase Expresiva.

ACCIÓN DIRIGIDA AL ASPECTO LABORAL: APRENDER ALGO NUEVO

La fase Dinámica suele aumentar la capacidad de aprendizaje, así que éste es el momento ideal para que cojas ese manual que llevas días repitiendo que deberías leer, o continúes el curso sobre recursos laborales, o simplemente le pidas a alguien que te enseñe a hacer algo. Cuando en esta fase te dediques a planificar el mes venidero, intenta dedicar algún tiempo a aprender. La fase Dinámica no es particularmente buena para el trabajo en equipo, así que elige cursos personalizados, conferencias o un sistema de aprendizaje a través de libros y herramientas informáticas. Procura escoger esos temas que normalmente te parecen demasiado complejos: te sorprenderá descubrir la velocidad con la que asimilas conceptos durante esta fase.

Fase Dinámica
Día 10

MOMENTO ÓPTIMO PARA:
DESARROLLAR TU POTENCIACIÓN INDIVIDUAL

El foco de atención de esta fase somos nosotras como indivi-duos. Con mucha frecuencia las presiones laborales, las responsa-bilidades y las opiniones de otras personas —además de nuestra crítica interna— pueden hacernos perder el contacto con nuestro sentido de la individualidad, la independencia y la autoestima.

La fase Dinámica es el momento ideal para activar nuestro poder personal; para sentir que valemos y reconocer que contamos con la fuerza de voluntad necesaria para hacer cosas. Esta fase nos permite volver a potenciarnos legitimando nuestras necesidades y sueños, dedicando tiempo y energía a expresarlos y, sobre todo, actuando con la intención de hacerlos realidad. Se nos concede el permiso de centrarnos en nosotras mismas y poner nuestras nece-sidades en primer lugar en nuestra mente, para así analizarlas. Con frecuencia, cuando reconocemos que nuestras necesidades son im-portantes y dedicamos tiempo a satisfacerlas durante este período, experimentamos una fase Creativa menos negativa.

La fase Dinámica encierra una inmensa cantidad de energía vital que podemos utilizar en nuestro beneficio y aprovechar los resultados. En efecto, tenemos la posibilidad de utilizar nuestros pensamientos y actitud positivos para atraer la abundancia, las re-laciones, la salud, el éxito y la satisfacción que deseamos. A muchas de nosotras nos han hecho creer desde pequeñas que para «ser buenas» tenemos que anteponer siempre las necesidades ajenas a las nuestras, una idea errónea que podría hacernos perder esta úni-ca oportunidad mensual de recargar nuestra batería de autoestima.

En esta fase, la renovación de nuestro poder personal puede ofrecernos la fuerza y la confianza que nos hacen falta para ayudar a otras personas durante el resto del mes.

ACCIÓN DIRIGIDA AL BIENESTAR: ACTIVAR EL PODER DEL PENSAMIENTO

Puedes sacar provecho del poder natural del pensamiento positivo característico de esta fase para crear aquello que quieres. Para obtener algo, simplemente concentra tus pensamientos en lo que ya tienes y desarrolla sentimientos positivos de felicidad y gratitud. Estos sentimientos, a su vez, atraerán lo que buscas. ¡Practica pensar siempre en un vaso medio lleno! Un método divertido para atraer la abundancia, extraído del libro de Rhonda Byrne titulado *The Secret*, consiste ir a un banco, coger un impreso de ingresos y escribir en él una cantidad de dinero que te gustaría recibir. Piensa en una suma superior a la que conseguirías por medios normales: mira el impreso todos los días, llévalo contigo, piensa que dispones de ese dinero en tu vida y disfruta imaginando que lo gastas en todas las cosas que deseas. Siéntete feliz, respaldada y agradecida: ese dinero es para ti porque te lo mereces.

ACCIÓN DIRIGIDA A LA CONSECUCIÓN DE OBJETIVOS: DESARROLLAR SENTIMIENTOS DE ÉXITO Y SATISFACCIÓN

Cuando te sientes más respaldada y con posibilidades de triunfar desarrollas la certeza de que alcanzarás tus futuros objetivos.

La fase Dinámica es el Momento óptimo para aplicar una técnica de programación neurolingüística (PNL) denominada «anclaje», que consiste en revivir o imaginar una situación que cree sentimientos positivos, y recurre a un disparador físico como aplaudir o chasquear los dedos para «anclarlas». En una fecha posterior, como durante las fases Creativa o Reflexiva, en las que tal vez necesites volver a conectar con pensamientos y creencias más positivos, puedes activar tu disparador para experimentar un mayor grado de optimismo.

Elige un recuerdo o imagina una situación extravagante que te permita desarrollar sentimientos de felicidad, éxito y seguridad en ti misma. Procura que la experiencia resulte lo más realista posible. Piensa en colores brillantes, sentimientos intensos y sonidos claros y bien audibles. Cuando hayas elaborado una experiencia estimulante, activa tu disparador físico y a continuación piensa en algo aburrido y cotidiano. Ahora repite el proceso anterior dos veces más para anclar los sentimientos al disparador físico.

Establecer nuestro anclaje durante este Momento óptimo nos permite aumentar su efectividad y conseguir resultados más intensos en otras fases.

Acción dirigida al aspecto laboral: centrarte en ti misma

Con mucha frecuencia es necesario trabajar en equipo. Pero un equipo solo funciona bien cuando los sentimientos y las necesidades individuales de sus miembros —¡y eso te incluye a ti!— son reconocidos y satisfechos.

Hoy céntrate en ti misma. Pregúntate qué tienes que hacer para mejorar tu trabajo y tu sensación de bienestar en el ámbito laboral. ¿Qué podría ayudarte a satisfacer tus necesidades en ese aspecto? ¿A qué compañero o compañera podrías pedir su colaboración?

Si te hace falta acercarte a otras personas para que te echen una mano o para que hagan algo por ti, espera hasta el día 19, más o menos. En la fase Expresiva somos mucho más capaces de expresarnos en términos exentos de crítica y juicios de valor, y también podemos aceptar y comprender las respuestas de los demás.

Fase Dinámica
Día 11

MOMENTO ÓPTIMO PARA: ELABORAR CREENCIAS POSITIVAS

Durante la fase Dinámica estamos más receptivas a asimilar pensamientos positivos sobre nosotras, el futuro o una situación en particular. A diferencia de la fase Creativa —que en cuanto recurrimos a una afirmación positiva nos hace encontrar varias razones que justifican la falsedad de la frase—, la fase Dinámica nos incita a creer profundamente en tales aseveraciones. Y por ese motivo se convierte en el Momento óptimo para practicar ejercicios de pensamiento positivo que aumenten nuestra confianza en nuestra capacidad, legitimen nuestros sueños y a nosotras mismas, y desarrollen nuestra seguridad personal. Ejercitar la habilidad de «creer» una vez al mes nos ayuda a provocar cambios de gran impacto en nuestro interior, e incluso puede hacernos sentir más fuertes frente a los retos emocionales o mentales que nos depararán las fases Creativa y Reflexiva. Podríamos así mismo aprovechar la fase Dinámica para motivarnos, centrándonos en los resultados de nuestros objetivos. Como de forma natural tendemos más a creer en lo positivo, visualizarnos en una situación de éxito se convierte en una herramienta muy poderosa para crear las emociones positivas que necesitamos para generar acción, afrontar desafíos y no perder el impulso durante aquellas fases en las que experimentamos una energía menos dinámica.

ACCIÓN DIRIGIDA AL BIENESTAR: RECURRIR A LAS AFIRMACIONES
POSITIVAS

La fase Dinámica es el Momento óptimo para utilizar las afirmaciones positivas como herramientas de autodesarrollo, y también para manifestar deseos. Las afirmaciones positivas son frases
constructivas sobre resultados deseados, expresadas en un lenguaje
que sugiere que ya existen. Por ejemplo: «Cada vez me siento más
feliz y satisfecha», «Estoy en proceso de alcanzar todos mis objetivos con facilidad», «Voy en camino de incrementar mi abundancia», «Cada vez tengo más éxito en lo que me propongo», «Mi vida
se está llenando de oportunidades atractivas», «Mi seguridad personal crece día a día».

Elige una afirmación para este mes y escríbela en varios trozos
de papel, que deberás colocar en sitios estratégicos que te permitan
verlos fácilmente. Tómate unos minutos cada día para repetir la
frase en voz alta, y siente de verdad las emociones encerradas en
las palabras. Cuando hayas finalizado con la afirmación, dedica
unos instantes a manifestar gratitud por haber hecho realidad tus
deseos. No pierdas esta oportunidad mensual de recargar tus ba-
terías de potenciación personal.

También puedes aplicar esta práctica con buenos resultados
durante la fase Expresiva.

ACCIÓN DIRIGIDA A LA CONSECUCIÓN DE OBJETIVOS:
CREER EN EL FUTURO

Tómate unos minutos hoy para visualizarte con tu objetivo
conseguido.

¿Qué tal te encuentras? ¿Qué haces de forma diferente en tu
vida en estos momentos? ¿Quién forma parte de ella? Imagina el
curso de un día ahora que has conseguido tu objetivo. ¿Cómo te
sientes al levantarte? ¿Cuál es tu rutina? ¿Qué haces durante el

día? ¿A quién ves y dónde vas? ¿Cuál es tu sensación al irte a la cama por la noche? Procura que la visualización sea lo más brillante e intensa que puedas, como el recuerdo de un buen día que hayas vivido. Regodéate en estos maravillosos sentimientos.

Siéntete a gusto contigo misma y con tu objetivo, y traslada tus imágenes internas y sentimientos positivos al mundo cotidiano para hacerlos realidad.

ACCIÓN DIRIGIDA AL ASPECTO LABORAL:
CENTRARTE EN AQUELLO QUE DISFRUTAS

La jornada laboral suele acabar tan dominada por las tareas mundanas que resulta complicado no perder el entusiasmo inicial, la seguridad en uno mismo y la vibrante energía que experimentamos al comienzo del día o al inicio de ese trabajo. Pero, por fortuna, la fase Dinámica te brinda la oportunidad de recuperar ese entusiasmo a través de la creación de sentimientos que te hagan sentir más segura, y del refuerzo de los sentimientos positivos que ya tienes en relación con aquellos aspectos laborales que realmente te gustan.

Analiza tu trabajo; céntrate en aquellos aspectos que te hacen sentir feliz y plena. Piensa en las habilidades y tareas en las que destacas, reflexiona sobre lo mucho que sabes y vive la magnífica experiencia de creer en ti misma y sentirte segura. Por hoy, cree en ti y en tu trabajo. Disfruta de estos sentimientos positivos.

Fase Dinámica
Día 12

MOMENTO ÓPTIMO PARA: ENMENDAR ERRORES

La fase Dinámica supone una intensa demarcación de lo «correcto» y lo «incorrecto». Durante las fases Expresiva y Reflexiva tenemos menos probabilidades de oponer resistencia, pero de pronto durante la Dinámica nos resulta importante luchar por lo que consideramos correcto, y no solo por nosotras mismas sino también por las injusticias que vemos a nuestro alrededor y en el mundo en general. Es posible que nos sintamos mucho más firmes y enérgicas, y también más dispuestas a entrar en acción en pos de la justicia o en nombre de otras personas. Ésta es la fase de la defensora, la voz del juego limpio, la guerrera ecológica, la querellante que escribe cartas o hace llamadas telefónicas y la protectora de las víctimas.

Cuando dirigimos con criterio nuestra habilidad para entrar en acción a partir de nuestros sentimientos, podemos convertirla en el catalizador de un cambio importante. En cuanto adoptamos una postura moral determinada y actuamos según nuestros principios consideramos que estamos expresando nuestros sentimientos más profundos y que conseguimos un efecto positivo. Esta actitud también nos revela que podemos cambiar algo en el mundo y que somos fuertes en ese sentido.

Sin embargo, si no la dirigimos con criterio, esta fase puede acarrear un comportamiento dominante y agresivo. En efecto, nuestra percepción de la injusticia, sumada a la certeza de que debemos hacer determinadas cosas para enmendar los errores, puede hacernos perder toda consideración hacia los sentimientos de los demás. Así que ten cuidado.

ACCIÓN DIRIGIDA AL BIENESTAR: DEFENDER

Piensa en lo que te parece correcto e incorrecto en tu vida cotidiana. ¿En qué aspectos puedes mantenerte más firme sobre quién eres, cuáles son tus ideas y límites y qué cosas te parecen «correctas»? Recurre a tus habilidades mentales analíticas y constructivas para descubrir cómo corregir errores y mejorar situaciones. Pregúntate si has sido justa o injusta con otras personas el mes pasado. ¿Tus actos te resultaron tan beneficiosos a ti como a ellas? No pienses solo en primera persona; ¿quién necesita ayuda a tu alrededor? Podrías luchar por su causa. Considera cómo cambiar. Recuerda que esta fase es buena para iniciar un proyecto, estructurar y planificar una campaña, escribir a otras personas, formular una petición y centrarte en los detalles. En la fase Expresiva se te dará mejor organizar reuniones cara a cara y apoyar a otras personas en sus ideas.

ACCIÓN DIRIGIDA A LA CONSECUCIÓN DE OBJETIVOS: IMAGINAR LAS CONSECUENCIAS

Una forma de ayudarte a incrementar tu motivación personal es considerar de qué manera alcanzar tu objetivo de un modo «correcto» no solo para ti, sino también para los demás. Con mucha frecuencia saboteas tus metas al sentir, subconscientemente, que estás siendo «egoísta». Sin embargo, si reconoces que tu felicidad, bienestar, seguridad económica, estado físico o éxito beneficiarán a otras personas, podrás realmente convencerte de que merece la pena luchar por tu objetivo.

Pregúntate si conseguir tu meta encierra algún aspecto altruista. Cuando la hayas conseguido, ¿de qué manera afectará positivamente a quienes te rodean? ¿Qué conseguirás al alcanzar tu objetivo que te permita beneficiar a otras personas? Toma nota de todos los beneficios que puedas imaginar y ve añadiendo a la lista todos los que se te ocurran.

ACCIÓN DIRIGIDA AL ASPECTO LABORAL:
ACTUAR COMO DEFENSORA

¿Qué te parece «correcto» e «incorrecto» en tu trabajo? ¿Tus
compañeros reciben un trato justo y respetuoso? ¿Las líneas de
comunicación funcionan bien? ¿Tus colegas o tus clientes reciben
suficiente apoyo? ¿La empresa/empleador/organización para la
que trabajas actúa correctamente? ¿Respeta tus valores éticos?

¿Qué acciones puedes llevar a cabo para solucionar problemas
o para hacer que otras personas tomen conciencia de las dificultades? Si eliges entrar en acción, intenta hacerlo con la aprobación
de tus compañeros. Una heroína decidida a «salvar el mundo»
puede ser interpretada como una persona crítica, dominante o
agresiva.

Fase Dinámica
Día 13

Momento óptimo para:
PREPARARTE PARA LA FASE EXPRESIVA

Mientras recorremos el trayecto entre la fase Dinámica y la Expresiva comenzamos a centrarnos menos en nosotras mismas, nos volvemos menos analíticas y nos falta tenacidad. A cambio, tomamos más conciencia de las necesidades de otras personas y de la importancia de conectar con los demás, y nos hacemos más empáticas, tolerantes y capaces de observar y comprender sentimientos. Así como durante la fase Dinámica nos embarcamos en nuevas ideas y proyectos, la fase Expresiva nos ofrece la oportunidad de sustentar más aquellos proyectos que hemos iniciado. Por consiguiente, este período se convierte en el Momento óptimo para impulsar el crecimiento en general, algo que intuitivamente sabemos hacer.

En esta fase es posible que nos mostremos más tolerantes, lo cual nos aporta la capacidad de escuchar realmente lo que la gente dice y de ofrecer respuestas empáticas. Así, éste es también un Momento óptimo para apoyar a amigos, familiares y compañeros de trabajo. Cuando alguien siente que sus sentimientos y necesidades han recibido atención y son considerados legítimos, está más dispuesto a crear relaciones positivas, ya sea dentro del núcleo familiar o en el entorno de un equipo de trabajo. Nuestros propios sentimientos positivos de seguridad y fuerza, sumados a nuestras aptitudes comunicativas durante esta etapa, convierten este período en un Momento óptimo para «alimentar» nuestras relaciones.

Esta fase produce un cambio en nuestra creatividad: de la actividad mental de la etapa Dinámica pasamos a una creatividad más práctica, emocional y «maternal». No desperdicies este fascinante Momento óptimo; aprovéchalo para crear los cuidados que necesitas y el entorno sustentador que deseas, y para expresar de forma creativa la persona que consideras que eres.

ACCIÓN DIRIGIDA AL BIENESTAR: RECUPERAR EL CONTACTO

Escribe una lista de personas con las que no te hayas puesto en contacto en los últimos tiempos. Durante la fase Expresiva cuentas con suficiente fuerza emocional y estabilidad para apoyar a más personas de las que crees, así que comprométete a «tender la mano» a alguien la semana próxima. ¿Cuál de las personas que te rodean necesita más cuidados y atención? Tal vez se los hayas negado durante tu fase Dinámica. ¿Cómo puedes hacerla sentir más respaldada y cuidada la semana que viene?

ACCIÓN DIRIGIDA A LA CONSECUCIÓN DE OBJETIVOS: CUIDAR DE TUS PROYECTOS

Analiza cualquier proyecto o meta que en este momento parezca estancado, desviado o con poca fuerza. Piensa qué podrías hacer para apoyarlo, crear un nuevo impulso positivo o estimular su desarrollo. ¿Acaso necesita que siempre le prestes algo de atención? ¿Tendrías que dedicarle más tiempo y esfuerzo del que le ofreces en la actualidad? Los proyectos y las metas tienden a evaporarse y morir si no los «alimentamos» continuamente con energía, acciones y atención.

ACCIÓN DIRIGIDA AL ASPECTO LABORAL:
SENTIRSE A GUSTO EN EL TRABAJO

El lugar de trabajo es el entorno en el que pasas gran parte del día. Por esa razón, la manera en que allí te sientas afectará directamente tu forma de valorar tu trabajo y tu forma de llevarlo a cabo. Analiza el espacio en el que pasas tantas horas: ¿hay algo que pudieras hacer para sentirte más respaldada, cómoda o «como en casa»? A veces un elemento tan simple como una planta provoca un gran cambio. Si estás trabajando en un área que no puedes modificar, o siempre estás desplazándote, ¿qué puedes hacer con tu vestimenta/ bolso/maletín para resaltar tu feminidad? Diviértete jugando con la ropa que te pondrás la semana que viene o pensando en los cambios que introducirás en tu entorno laboral.

RESUMEN DE LA FASE DINÁMICA

Para poder evaluar mejor tus experiencias durante la fase Dinámica, responde el siguiente cuestionario.

1. ¿Cómo has experimentado la fase Dinámica? Comparándola con la fase Reflexiva, ¿cómo te has sentido?

Emocionalmente	
Mentalmente	
Físicamente	

2. ¿En qué días del plan has notado que la información y las acciones concordaban con tus experiencias personales?
3. En comparación con la fase anterior, ¿qué habilidades has notado más exacerbadas o minimizadas durante ésta?
4. ¿Cómo has aplicado de forma práctica tus habilidades potenciadas durante este mes?
5. ¿Qué piensas hacer el mes que viene con estas habilidades asociadas a los Momentos óptimos?
6. ¿Qué ha sido lo más sorprendente, intrigante o increíble que has descubierto sobre ti en esta fase?

PERSONALIZA EL PLAN

Si deseas que el Plan diario de la Mujer cíclica se ajuste a tu ciclo personal, personalízalo eligiendo acciones que concuerden con las habilidades asociadas a tus Momentos óptimos y apuntando todas ellas junto a la fecha del ciclo en la que las apliques. Recuerda que puedes repetir acciones individuales durante varios días.

Completa el gráfico que aparece a continuación y comprueba si puedes planificar algunas tareas para el mes próximo que te permitan sacar máximo provecho de tus habilidades potenciadas.

Fase Dinámica		
Mi Momento óptimo para:		
Número de día del ciclo	Acciones asociadas al Momento óptimo	Tarea planificada para el próximo mes

Fase Expresiva
Día 14

MOMENTO ÓPTIMO PARA: FUNDAR LAS BASES DEL ÉXITO
Y LA SEGURIDAD PERSONAL

Bienvenida a la fase Expresiva, a tu oportunidad de trabajar en pos del éxito, crear relaciones sustentadoras y expresar tus ideas y sueños ante el mundo.

Por lo general tenemos tantas responsabilidades y obligaciones que nos parece que nunca llegaremos al final de la lista de «tareas pendientes», y el único triunfo que solemos permitirnos es la satisfacción de haber «liquidado» un tanto por ciento de la lista antes de caer rendidas de sueño. En otras palabras, nos alejamos de la realidad del éxito en nuestra vida, y también de la sensación del trabajo bien hecho. Además, solemos definir el éxito solo en términos de acontecimientos trascendentes, así que no es de extrañar que nos sintamos desdichadas, desprovistas de fuerza y ajenas a la sensación de motivación que producen los logros personales.

Pero en cuanto nos dedicamos a pensar en las cosas que hemos conseguido, no solo nos sentimos bien con nosotras mismas, sino que además nos vemos como mujeres fuertes y capaces de expresar su personalidad ante el mundo. Nuestros éxitos pueden ser pequeños o grandes, importarnos solo a nosotras o ser considerados positivos para nuestros amigos, familiares o incluso el mundo entero. Si mes a mes construimos una base de sentimientos de triunfo, crearemos «pruebas» de que tenemos éxito y empezaremos a sentirnos más seguras de nosotras mismas y a gozar de una elevada autoestima.

La fase Expresiva se centra exclusivamente en los sentimientos, así que generar sensaciones positivas de éxito nos resulta mucho más sencillo en este período que en otros.

Nuestro subconsciente no es capaz de determinar la diferencia entre lo real y lo imaginado, lo cual nos permite «sentir» los éxitos imaginados como reales. ¡Sin olvidar que también podemos convertir fallos del pasado en logros! Por ejemplo, si algún acontecimiento importante de hace unos años nos salió mal, podríamos reescribir el pasado y proponernos experimentar emociones positivas de éxito. Eso no quita que de todas maneras hayamos aprendido de la experiencia original, así que ¿por qué no quedarnos con una historia mucho más fortalecedora y positiva de otros tiempos en lugar de insistir en la negativa? Al actuar de esta manera edificaremos una sólida base de sentimientos de éxito que se convertirá en el centro neurálgico de nuestra motivación.

ACCIÓN DIRIGIDA AL BIENESTAR: ENSOÑACIÓN POSITIVA

Plantéate una situación completamente imaginaria en la que consigas lo que te propones, o reescribe mentalmente alguna experiencia pasada. La experiencia puede resultar tan divertida como quieras, así que aprovecha la ocasión para pasártelo bien. Imagina cada acontecimiento con la mayor intensidad que puedas: siente los colores, las texturas y los sonidos. Se trata de algo que te está sucediendo ahora mismo, así que tu mente trasladará a tu futuro ese recuerdo y todas las experiencias que te haya provocado. Disfruta realmente de los exquisitos placeres del éxito, los logros personales y el bienestar. Introduce en tu vida el poder de la ensoñación positiva.

ACCIÓN DIRIGIDA A LA CONSECUCIÓN DE OBJETIVOS: CREAR EVIDENCIA

Las afirmaciones positivas pueden dar excelentes resultados durante la fase Expresiva, y si les añades la palabra «porque» al final de la frase adquieren todavía más trascendencia. Por ejemplo, podrías partir de la afirmación «Me siento triunfadora porque...» y continuarla con alguna prueba de éxito que hayas experimentado en el pasado y que te valdrá como evidencia emocional.

También puedes aportar más fuerza y emotividad a tus afirmaciones agregándoles «Me encanta». Por ejemplo: «Me encanta disponer de dinero». Durante esta fase tu subconsciente es más receptivo a las emociones positivas como evidencia real de algo que también es real, así que cuando añades emociones positivas a tus afirmaciones contribuyes a fijar los nuevos conceptos tanto en tus patrones emocionales como en tus procesos mentales.

Hoy dedica tu Momento óptimo a aquellos sentimientos que te ayuden a desarrollar una gran seguridad en tu capacidad de triunfo. Y hazlo creando pruebas de tu éxito:

«Me siento triunfadora porque... (añade la «prueba»). Me encanta tener éxito».

Cuando te sientas una verdadera triunfadora contarás con más motivación y fuerza interior para alcanzar tu objetivo a pesar de los retos a los que debas enfrentarte.

ACCIÓN DIRIGIDA AL ASPECTO LABORAL:
RECONOCER LOS LOGROS

Hoy dedícate a responder la pregunta: «¿Qué he conseguido en el trabajo y cómo he ayudado y apoyado a mi empresa/compañeros/clientes?».

Céntrate en tus pequeñas logros cotidianos y también en tus grandes triunfos. Por lo general solemos pasar por alto las pequeñas acciones que dedicamos a otras personas y creemos erróneamente que lo que hacemos por obligación, o aunque no nos apetezca, no cuenta como «logro».

Este proceso puede convertir un trabajo aparentemente aburrido y sin perspectiva de éxito en un gran logro. Porque al probarte que puedes conseguir lo que te propones, de inmediato incrementas y respaldas tu motivación y entusiasmo.

Fase Expresiva
Día 15

MOMENTO ÓPTIMO PARA: ESTABLECER COMUNICACIÓN

La fase Expresiva es el Momento óptimo para descubrir qué piensan y sienten otras personas. Los cuidados y las acciones desinteresadas propias de esta sustentadora fase reducen las probabilidades de que nos sintamos excesivamente sensibles a las actitudes de otras personas o incluso amenazadas por sus opiniones, palabras y necesidades. Esta fase encierra una habilidad natural para comunicarse bien, aceptar a los demás tal como son, reconocer sus prioridades y opiniones y convertirse en una persona que sabe escuchar y actúa con empatía, por lo que deberíamos aplicar nuestra habilidad potenciada para escuchar y así descubrir lo que los demás piensan y sienten acerca de su vida. Con tan poco tiempo libre y una agenda tan cargada, rara vez disponemos de tiempo suficiente para escuchar de verdad lo que nuestros hijos, pareja, familiares, amigos, colegas y clientes nos están contando.

Crear una relación más positiva simplemente supone dejar aparcada la actividad que estemos haciendo, girarnos hacia la otra persona y prestarle toda nuestra atención. Y si además le regalamos tiempo y libertad para expresarse, nos sorprenderá descubrir lo lejanas de la realidad que resultan nuestras suposiciones sobre lo que siente y necesita.

También podemos preguntar a los demás qué les hace falta para que nuestra relación con ellos mejore, y cómo podemos ayudarles a enriquecer su vida sin tener que defender acciones pasadas o supuestos ataques contra nosotras. A diferencia de lo que sucede tanto en la fase Creativa —en la que es más probable que nos tomemos las cosas a título personal— como en la Dinámica —en la que nos centramos más en la acción y somos menos empáticas—, durante la fase Expresiva la comunicación resulta más sencilla y positiva y no nos exige que expongamos nuestro punto de vista.

ACCIÓN DIRIGIDA AL BIENESTAR: ACEPTARTE

Para apoyar a otras personas también necesitas apoyarte a ti misma, así que puedes aprovechar los positivos sentimientos «maternales» de la fase Expresiva para aprender a aceptarte y pensar de forma positiva. Para muchas mujeres el diálogo interior consiste en criticarse y reconocer fallos y errores; sin embargo, el aspecto de la «madre interior» tan característico de la fase Expresiva puede ofrecer la magnífica oportunidad de volver a conectar con sentimientos de autoaceptación y amor incondicional.

Hoy, utiliza la siguiente afirmación para concederte permiso para ser quien eres: «Yo me permito ser…», y podrías agregarle «hermosa», «triunfadora», «feliz», «amada» o cualquier otro aspecto de ti que necesites legitimar, nutrir y aceptar. Si lo deseas, puedes ratificar esta afirmación durante la fase.

ACCIÓN DIRIGIDA A LA CONSECUCIÓN DE OBJETIVOS: BUSCAR OTROS PUNTOS DE VISTA

La fase Expresiva es el Momento óptimo para preguntar a otras personas cuáles son sus puntos de vista sobre tus objetivos y progreso, ya que en este momento puedes aceptar sus comentarios sin interpretarlos como una crítica. Busca a alguien que pueda ofrecerte un punto de vista objetivo sobre lo que estás intentando alcanzar. Podría tratarse simplemente de un amigo que te dé su opinión general o bien un experto dotado de experiencia y conocimiento sobre tu objetivo. Sé específica sobre el tipo de información que deseas obtener de ellos. En particular, concéntrate en áreas en las que te sientas estancada o insegura, ya que con frecuencia la forma en que reaccionas ante lo que otra persona sugiere demuestra a las claras lo que sientes de verdad sobre una determinada situación.

TRABAJO PARA EL PROGRESO LABORAL: EVALUAR LAS NECESIDADES AJENAS

Ésta es una etapa magnífica para analizar las relaciones laborales y realizar evaluaciones sobre el trabajo y los empleados. Pregunta a tus colegas o empleados cómo se sienten y si hay algo que quisieran cambiar para crear un mejor ambiente de trabajo y sentirse más reconocidos. Luego indaga qué necesitan de ti tus compañeros y tus jefes. Sí, es probable que lo que oigas te suene a crítica, pero recuerda que durante esta fase eres más capaz de admitir el punto de vista de los demás y es menos probable que te tomes lo que digan como un ataque personal a ti o a tu trabajo. También estás en mejores condiciones de oír las necesidades que se esconden tras las palabras y los sentimientos que esas personas están expresando.

Fase Expresiva
Día 16

MOMENTO ÓPTIMO PARA:
EXPRESAR NUESTRO RECONOCIMIENTO

A través de la fase Expresiva nuestra sensación de bienestar personal puede estar conectada con la expresión de nuestros sentimientos de amor y reconocimiento, gratitud y cariño.

El bienestar de nuestras relaciones, tanto con las personas que conocemos como con los extraños, las comunidades y el planeta en general, es importante para nosotras. Así como en la fase Creativa la vida y las necesidades de los demás nos abruman de inmediato, en esta fase nuestra empatía y fuerza interior naturales nos impulsan a entrar en acción y ofrecer nuestro apoyo.

Y una buena manera de actuar de forma sustentadora es expresar reconocimiento y gratitud.

El reconocimiento de la difícil situación que atraviesa nuestro planeta nos empuja a reciclar los envases. El reconocimiento de nuestros compañeros de trabajo nos incita a entablar con ellos una mejor relación y a la vez nos motiva. Expresar gratitud por la ayuda y el apoyo recibidos, o simplemente agradecer a una persona que forme parte de nuestra vida, hace que los demás se sientan importantes y valorados, y crea relaciones más duraderas.

A diferencia de lo que sucede en la fase Dinámica, que nos impulsa hacia nuevas direcciones y proyectos, la fase Expresiva nos anima a reconocer y valorar nuestra vida tal como es en este momento. Y podemos experimentar un mayor agradecimiento por el trabajo que hacemos, el entorno en el cual vivimos y las relaciones que hemos entablado. Además, la fase Expresiva nos concede paciencia para ver cómo crecen y se desarrollan nuestros proyectos actuales, y habilidad para introducir transformaciones a partir de los consejos y el cariño, en lugar de establecer cambios radicales.

ACCIÓN DIRIGIDA AL BIENESTAR: DISFRUTAR DE LO QUE TIENES

Concéntrate simplemente en disfrutar de la vida que tienes. Siéntete feliz y agradecida por todas las magníficas experiencias que estás viviendo; por las personas, los lugares y los objetos que quieres, y por todo lo que enriquece tu existencia. Contempla la naturaleza y reconoce el valor de tus sentidos, que te permiten disfrutar del mundo. Alégrate de estar viva. Pregúntate: «¿Qué me gusta de mi vida y de mí misma?» Disfruta de lo que amas y recibirás más.

ACCIÓN DIRIGIDA A LA CONSECUCIÓN DE OBJETIVOS: VALORAR EL VIAJE

Alcanzar los objetivos que te has planteado puede incitarte a deleitarte tanto en el feliz acontecimiento futuro que al final olvidas vivir el viaje. Olvidas detenerte y mirar de dónde vienes, cuánto has viajado y lo hermoso que es el camino que recorres. Así que agradecer el viaje y lo mucho que enriquece puede motivarte a seguir adelante cuando te enfrentes a dificultades.

Olvídate de entrar en acción para alcanzar tus objetivos; déjales espacio para que se desarrollen en su momento y a su manera. Si les ofreces esta libertad te sorprenderán los resultados. Y olvida también tus futuros logros; hoy simplemente siente gratitud por el lugar que estás ocupando en el camino.

ACCIÓN DIRIGIDA AL ASPECTO LABORAL:
RECONOCER EL VALOR DE LOS DEMÁS

¿Quién ha estado trabajando bien en la oficina? ¿Quién te ha ayudado en tus tareas?

Si formas parte de un equipo o un grupo, identifica qué miembros no están recibiendo suficiente reconocimiento por su labor. ¿Quién no reconoce el esfuerzo, las aptitudes y el compromiso que estas personas han invertido en el trabajo?

Piensa cómo podrías expresar tu reconocimiento; tal vez bastaría con recurrir a una simple tarjeta de agradecimiento o crear un premio mensual para el equipo de trabajo.

Fase Expresiva
Día 17

Momento óptimo para:
ESTIMULAR EL COMPROMISO Y EL EQUILIBRIO

La fase Expresiva puede ofrecernos dones tan especiales como una mayor empatía, conciencia de las conexiones y las relaciones, y una clara percepción de las necesidades ajenas. Estas aptitudes y habilidades convierten este período en el Momento óptimo para arbitrar en disputas y crear situaciones en las que todos salgan ganando, además de compromisos y equilibrio entre las partes. Somos mediadoras naturales y contamos con suficiente imparcialidad como para entender los factores subyacentes que influyen en las acciones, los sentimientos y el lenguaje que emplean los demás.

Los bloqueos en la comunicación suelen producirse cuando las personas son incapaces de exponer claramente sus puntos de vista; durante la fase Expresiva nuestras habilidades nos permiten ayudarles a expresarse sin tapujos, lo cual suele hacer surgir soluciones originales, grandes avances en las disputas, cambios de actitud y nuevas ideas creativas.

También nos resulta fácil durante esta etapa conectar con nuestra sensación de armonía, pero con frecuencia no vamos más allá. La fase Expresiva nos concede la habilidad no solo de sentir lo que «desafina» en nuestra vida, sino también de determinar qué acciones necesitamos para restablecer la armonía en nuestro entorno y nuestras relaciones.

ACCIÓN DIRIGIDA AL BIENESTAR: ARMONIZAR TU ESPACIO

Echa un vistazo a la sala y conecta con tu sentido del equilibrio y la armonía preguntándote qué te hace sentir incómoda en este espacio.

¿Lo consideras armonioso? ¿Os refleja equilibradamente a ti y a las personas que puedan estar compartiéndolo contigo? Elige una cosa pequeña que tengas que cambiar para restablecer la armonía. ¿Cómo puedes cambiarla? ¡Pues ahora, adelante, hazlo!

ACCIÓN DIRIGIDA A LA CONSECUCIÓN DE OBJETIVOS:
CREAR SOLUCIONES EN LAS QUE TODAS LAS PARTES
SALGAN GANANDO

Cuando trabajas en pos de conseguir tus objetivos surgen situaciones en las que el resultado que tú deseas depende de las decisiones y acciones de terceras personas. Cuando tu progreso parece quedar bloqueado por estas intervenciones ajenas, es muy probable que experimentes incómodos sentimientos de impotencia. Así que lo más recomendable es que crees situaciones en las que todas las partes salgan ganando: en otras palabras, que adaptes tus soluciones a las necesidades que percibes tras las objeciones y la obstrucción de estas personas.

La fase Expresiva te ofrece las habilidades que te hacen falta para comprender las actitudes y necesidades ajenas y crear así soluciones que motiven a la otra persona a actuar tal como tú deseas. En este momento, ¿quién está bloqueando o posponiendo tu esperado progreso hacia tus objetivos? ¿Cuál podría ser la razón que impulsa esta acción o inacción? Piensa en una solución en la que ambas partes salgan ganando y sugiérela a la persona en cuestión. Pregúntale qué necesita, pero prepárate para ser flexible o incluso para cambiar tus expectativas.

ACCIÓN DIRIGIDA AL ASPECTO LABORAL:
AFRONTAR LOS BLOQUEOS Y LAS DISPUTAS

Éste es el Momento óptimo para hacer frente a las disputas, los puntos muertos en las conversiones y las negociaciones. Es posible que estés teniendo problemas con un/a compañero/a de trabajo, que se haya interrumpido tu progreso en un proyecto o que estés involucrada en negociaciones contractuales.

Actúa como mediador externo en casos de disputa o diferencias. Si te encuentras personalmente involucrada en una disputa, comprueba cuáles son tus prioridades. El compromiso supondrá olvidarte de algunas de tus necesidades o bien cambiarlas.

Aprovecha tus habilidades actuales para reconocer si falta armonía en las situaciones de trabajo en equipo y para plantear posibles soluciones a los participantes.

Fase Expresiva
Día 18

MOMENTO ÓPTIMO PARA:
PERSUADIR Y ESTABLECER UNA RED DE CONTACTOS

¿Alguna vez te has preguntado cuál sería el mejor momento para pedir un aumento de sueldo o algo que realmente quieras? ¡El momento es éste! Porque además de seguridad emocional y buenas aptitudes comunicativas, la fase Expresiva también nos ofrece la conciencia y la paciencia para conseguir lo que queremos a través de una amable persuasión.

A diferencia del enfoque directo e impaciente de la fase Dinámica, que nos impulsa a plantear un ultimátum («o lo tomas o lo dejas»), el enfoque de la fase Expresiva puede consistir en una sutil estrategia que consiga acercar a alguien a nuestro punto de vista. Podemos aprovechar el especial grado de conciencia y empatía de este período para ajustar nuestra forma de abordar a la persona que deseamos persuadir, o para exponer una idea o dirigir una campaña con el fin de conseguir lo que queremos.

Nuestra mayor sociabilidad durante esta fase también se traduce en que podemos sacar provecho de las situaciones casuales.

Establecer una red de contactos puede resultar desalentador para casi todos, pero gracias a la seguridad personal de la fase Expresiva tenemos más voluntad de dar el primer paso. Así que debemos hablar con todo el mundo; entrar en contacto con clientes, proveedores o colegas para incitarles a entender nuestro punto de vista y lo mucho que les estamos apoyando o ayudando. Aunque nuestro trabajo no consista en tratar con clientes o proveedores, durante esta fase podemos dedicar parte de nuestro tiempo a ponernos en contacto con ellos para agradecerles o comprobar si se sienten satisfechos. También podemos contactar con los departamentos o las personas que nos apoyan y agradecerles su aportación. Suena a pura campaña personal, pero dado que nace de los cuidados y la atención propios de la fase Expresiva, en realidad se trata de una genuina expresión de quienes somos.

ACCIÓN DIRIGIDA AL BIENESTAR: SER SOCIABLE

Puedes aprovechar este Momento óptimo de sociabilidad y establecimiento de contactos para salir de tu entorno habitual y hablar con personas que acabas de conocer.

Intenta hacer algo que normalmente no haces; cambia alguna rutina, apúntate a clases o incluso da una fiesta. Comprométete a presentarte a otras personas en cualquier oportunidad que se presente.

Éste es el mejor momento para apoyar a las personas que te han apoyado, así que repasa tu lista de amigos y familiares y comprométete a contactar al menos con una persona a la que lleves bastante tiempo sin ver. Incluso podrías invitarla a la fiesta.

ACCIÓN DIRIGIDA A LA CONSECUCIÓN DE OBJETIVOS: BUSCAR UN APOYO CONCRETO

Identifica a tres personas, organizaciones o empresas que podrían ayudarte a alcanzar tus metas. Piensa en una estrategia para entablar un primer contacto: ¿podrías hacerlo en etapas? ¿A qué forma de contacto responderían mejor? ¿Qué despertaría su interés? ¿Qué ofreces para que deseen ayudarte? ¿Cómo puedes destacar? Da el primer paso para contactar con ellos hoy mismo.

ACCIÓN DIRIGIDA AL ASPECTO LABORAL:
ESTABLECER UNA RED DE CONTACTOS

Establecer una red de contactos significa pedir a colegas, clientes y empresas relevantes que te presenten a las personas que necesitas conocer. Únete a grupos industriales o clubes de negocios, asiste a conferencias y eventos relacionados con tu trabajo, lleva siempre tarjetas de visita para entregarlas a quienes conozcas y habla con extraños. Pregúntate si hay algo que necesites en tu trabajo y cómo podrías conseguirlo a través de una amable persuasión. ¿Puedes proponer una idea y hacer que otra persona crea que es suya? También piensa de qué manera podrías cambiar la imagen que los demás tienen de tu trabajo. Dirige tu campaña personal durante toda la fase Expresiva.

Fase Expresiva
Día 19

MOMENTO ÓPTIMO PARA:
PRESENTAR IDEAS Y VENDER CONCEPTOS

La fuerza emocional, la seguridad personal y las aptitudes de comunicación de la fase Expresiva convierten este período en el Momento óptimo para exponer nuestras ideas y vender cualquier cosa, desde conceptos a productos, servicios y soluciones. No solo contamos con la habilidad para articular y exponer bien un concepto, sino que por ser más empáticas en relación con las necesidades de la audiencia adaptamos eficazmente nuestras propuestas.

Esto significa que somos más capaces de aportar ideas constructivas durante las reuniones, de enseñar y tutelar, de entregar presentaciones y propuestas y de colocar expositores en la planta de ventas. Nuestra mayor receptividad hacia las necesidades de nuestra audiencia significa que podemos adaptarnos con facilidad y adoptar nuevos parámetros y puntos vista, convirtiendo este período en un momento ideal para el servicio al cliente, las ventas y el *marketing*.

También nos encontramos en un Momento óptimo para acercarnos a nuestros familiares y plantearles la idea de introducir cambios de rutina, para intentar alcanzar un nuevo equilibrio entre el trabajo y la vida personal y para satisfacer nuestras necesidades y expectativas. Cualquiera que sea nuestro «objeto de venta» —una idea que afecte a nuestra familia, un punto de vista durante una reunión o un producto—, en realidad al mismo tiempo nos estamos vendiendo a nosotras mismas. La fase Expresiva nos permite justificar nuestra posición, creencias y actividades sin volvernos agresivas o defensivas, incluso en entornos intensamente negativos. Así que si decidiéramos dejar nuestro trabajo, viajar alrededor del mundo con una mochila al hombro, empezar un negocio propio o cambiar algo fundamental en nuestra vida, ahora es el momento de mencionarlo a quien pueda resultar afectado.

La fase Expresiva es el Momento óptimo para presentarnos a entrevistas de trabajo, redactar nuestro CV y hacer llamadas a otras empresas para indagar sobre posibilidades de trabajo. Nuestro optimismo natural en relación con nosotras mismas y nuestras habilidades nos hará salir bien paradas.

ACCIÓN DIRIGIDA AL BIENESTAR: GANAR APOYO

Todos tenemos alguna idea sobre lo que otras personas pueden hacer para intentar mejorar la calidad de nuestra vida. Podría tratarse de que nos ofrezcan más ayuda y apoyo, que reduzcan sus exigencias y expectativas sobre nosotras, que sean más comprensivos o que hagan más cosas que nos sienten bien.

Hoy, elige una idea y considera cómo podrías presentársela a las personas involucradas. Ten en cuenta sus sentimientos y necesidades, y encuentra algún beneficio positivo que pudieran sacar de tu propuesta. ¿Puedes presentarles la idea de forma directa, o tienes que abordar el tema con sutileza y desarrollarlo poco a poco? No te preocupes por el rechazo; con tus habilidades de la fase Expresiva eres lo suficientemente paciente y flexible como para persuadirles.

Nota que necesitarás entrar en acción hoy, antes de comenzar la fase Creativa, o bien convertir esta iniciativa en un proyecto para tu fase Expresiva del próximo mes.

ACCIÓN DIRIGIDA A LA CONSECUCIÓN DE OBJETIVOS: VENDER TU SUEÑO

Todas las metas comienzan por un sueño. Una manera de contribuir a que tu objetivo se manifieste consiste en «vender» ese sueño (y tus ideas sobre cómo alcanzarlo) a alguna persona que pueda ayudarte. Comienza por definir todo lo que sueñas en un máximo de tres frases. Es posible que te resulte complicado. Dependiendo de lo segura que te sientas, prueba primero con un miembro de tu familia, un amigo o un colega. Cada vez que expongas tu idea no solo comprenderás mejor lo que tienes en mente, sino que además podrás explicarlo de un modo significativo. Si te formulan preguntas, aprovéchalas para refinar tu propuesta en futuras presentaciones.

ACCIÓN DIRIGIDA AL ASPECTO LABORAL: VENDER TUS IDEAS

¿Qué ideas tienes sobre tu trabajo y entorno laboral? ¿Puedes imaginar cómo mejorar las cosas, o detectas oportunidades y soluciones que a otros se les pasan por alto? La forma en que una idea es recibida depende con frecuencia del entorno laboral. ¿Puedes exponer tus ideas en una reunión o en una llamada telefónica informal o correo electrónico? ¿Qué te ayudaría a exponer tu idea? ¿Necesitas diagramas, una maqueta o citas de otras personas?

¿Quién tiene que estar realmente al corriente de tu idea para (a) ofrecerte el reconocimiento que mereces, y (b) actuar al respecto? Ten en cuenta que con el carisma natural de la fase Expresiva nadie se encuentra demasiado «alto» para ti.

Fase Expresiva
Día 20

MOMENTO ÓPTIMO PARA: PREPARARTE PARA LA FASE CREATIVA

La fase Creativa es el «momento desastroso» del mes para muchas mujeres, y puede resultar bastante obvio al principio. Para otras, la fase se desarrolla de forma más gradual, por lo que suele resultar más complicado identificar en qué momento comenzar a planificar en función del cambio en las habilidades. Al igual que la fase Dinámica, la Creativa rebosa de energía dinámica, solo que en esta ocasión es menos lógica y racional y más creativa, emocional, explosiva e intuitiva.

Esta fase puede anunciar su llegada con una mayor decisión de hacer cosas, una clara incapacidad para relajarse y mayores niveles de intolerancia y frustración. También podemos experimentar incontrolables cascadas de pensamientos, que pueden ser creativos desde un punto de vista negativo o positivo, dependiendo del pensamiento original.

A medida que avanza la fase Creativa es posible que nuestros niveles de concentración mental y paciencia decaigan, y que sintamos frustración e ira si no encontramos lo que buscamos o no disponemos inmediatamente de la información que necesitamos. Para evitar esta situación podemos aprovechar el final de la fase Expresiva para revisar las tareas y los proyectos de la semana entrante, y también para localizar o crear todo lo que vayamos a necesitar en los próximos días. Esto podría suponer pedir a otras personas que nos suministren información antes, o bien producir montañas de documentos específicos de nuestro trabajo. Recuerda en todo momento la «regla de los cinco minutos»:

> **Todo aquello que no puedas encontrar en cinco minutos, realmente te robará mucho tiempo.**

Mientras revisamos las tareas de la semana próxima podemos cotejarlas con las habilidades asociadas al Momento óptimo y comprobar si es posible trasladar alguna a un período más adecuado para nosotras. Recuerda: intenta evitar el conflicto o las situaciones delicadas, y procura reducir tus expectativas sobre tus niveles de concentración y energía cuanto más te aproximes al final de tu fase. Si no puedes pasar reuniones o plazos de entrega para otra fecha, establece algún sistema de apoyo y prepárate para explicar: «Enseguida vuelvo contigo», y así concederte más tiempo y espacio para pensar.

Identifica los proyectos creativos que te interese elaborar durante la fase Creativa; no dejes pasar este período sorprendentemente imaginativo y aprovéchalo para trabajar en ideas y objetivos o proyectos y soluciones originales. Por último, organiza actividades físicas para liberar tanto el estrés acumulado como las frustraciones en cuanto lleguen a niveles máximos.

ACCIÓN DIRIGIDA AL BIENESTAR:
ORGANIZAR LA SEMANA POR ADELANTADO

Piensa en lo que tienes que hacer la semana próxima. Intenta aprovechar los primeros días de la fase para sacarte de encima todo lo posible, sabiendo que posiblemente cuentes con menos energía física y mental hacia el final de esta etapa.

Toma también conciencia de que a medida que la fase avanza es posible que experimentes cambios en tu energía, necesidad de sueño y requisitos nutricionales, así como también en tus necesidades emocionales. Tal vez tengas que cambiar tu régimen de ejercicios para adaptarlos a tus altibajos, o alterar tu dieta, acostarte

más temprano y evitar a determinadas personas o temas delicados.
Ten en cuenta todos estos detalles mientras planificas tu semana.

ACCIÓN DIRIGIDA A LA CONSECUCIÓN DE OBJETIVOS:
IDENTIFICAR ÁREAS QUE NECESITEN CREATIVIDAD

La fase Creativa es el Momento óptimo tanto para desarrollar
ideas cargadas de creatividad como para dejar de lado lo irrelevante
o inútil. Si deseas mantener esta fase controlada y focalizada, identifica aquellos aspectos de tu trabajo que necesiten inspiración creativa, como por ejemplo escribir un plan de negocios o un anuncio,
desarrollar un enfoque diferente o generar una nueva oportunidad.

Analiza también qué áreas y puntos de vista han resultado improductivos, de manera que puedas cambiar de dirección aplicando
tu momento óptimo para «desechar».

ACCIÓN DIRIGIDA AL ASPECTO LABORAL:
OPTIMIZAR TUS RECURSOS

Sigue la «regla de los cinco minutos» y organiza todo lo que va-
yas a necesitar para cumplir con tus tareas de la semana próxima.
Estudia tus horarios e identifica cualquier actividad que pueda resultar incompatible con tus habilidades de la fase Creativa, como
por ejemplo las actividades grupales, las negociaciones, la dirección
de personal y los proyectos que requieran procesos de pensamiento
lógicos y estructurados. Si no es posible pasar estas actividades para
otro momento, piensa cómo puedes ofrecerte apoyo a ti misma.

Identifica así mismo aquellas áreas en las que necesites desarrollar el pensamiento creativo y las ideas, como por ejemplo resolver problemas, presentar información de otra forma o simplemente plantear una idea y ver cómo hacerla funcionar. Apunta los
proyectos que no funcionan bien y quizá requieran una gran re-

organización. Por último comprueba si puedes organizar mejor e incluso despejar algunos sectores.

Al tomar nota de estos puntos contarás con una lista de proyectos positivos y prácticos que te permitirán librarte de la frustración, en caso de que surja.

RESUMEN DE LA FASE EXPRESIVA

Para poder evaluar mejor tus experiencias durante la fase Expresiva, responde el siguiente cuestionario:

1. ¿Cómo has experimentado la fase Expresiva? Comparándola con las fases Dinámica y Reflexiva, ¿cómo te has sentido?

Emocionalmente	
Mentalmente	
Físicamente	

2. ¿En qué días del plan has notado que la información y las acciones concordaban con tus experiencias personales?
3. En comparación con la fase anterior, ¿qué habilidades has notado más exacerbadas o minimizadas durante ésta?
4. ¿Cómo has aplicado de forma práctica tus habilidades potenciadas durante este mes?
5. ¿Qué piensas hacer el mes próximo con las habilidades de la fase Expresiva?

6. ¿Qué ha sido lo más sorprendente, intrigante o increíble que
    has descubierto sobre ti en esta fase?

PERSONALIZA EL PLAN

Si deseas que el Plan diario de la Mujer cíclica se ajuste a tu
ciclo personal, personalízalo eligiendo acciones que concuerden
con las habilidades de tus Momentos óptimos y apuntando todas
ellas junto a la fecha del ciclo en la que las apliques. Recuerda que
puedes repetir acciones individuales durante varios días.

Completa el gráfico que aparece a continuación y comprueba
si puedes planificar para el mes próximo algunas tareas que te permitan sacar máximo provecho de tus habilidades potenciadas.

Fase Dinámica		
Mi Momento óptimo para:		
Número de día del ciclo	Acciones asociadas al Momento óptimo	Tarea planificada para el próximo mes

Fase Creativa
Día 21

MOMENTO ÓPTIMO PARA: LIBERAR LA CREATIVIDAD

Bienvenida a la fase Creativa, una oportunidad excepcional para liberar las energías creativas y cabalgar sobre una excitante ola de inspiración e intuición.

Por desgracia, muchas ignoramos nuestra oleada mensual de creatividad, o creemos erróneamente que algo va mal en nosotras mismas o nuestra vida cuando nuestra necesidad insatisfecha de crear nos produce tensión y frustración.

¿Cuántas nos describimos como creativas? No demasiadas, pero solo porque tendemos a partir de una definición limitada del término «creatividad».

El ciclo menstrual en sí mismo es un período de cambiantes formas de creatividad: contamos con la creatividad mental de la fase Dinámica, la habilidad para entablar relaciones y desarrollar nuestra comprensión en la fase Expresiva y la capacidad para crear nuevos caminos en la vida y tomar otros rumbos durante la fase Reflexiva.

En la etapa Creativa experimentamos una creatividad más reconocible: la capacidad y necesidad de crear algo en el mundo físico, incluido un cambio en nuestro «look». Cuando cambiamos por completo nuestro guardarropa o nuestro corte de pelo, es muy probable que nos encontremos en la fase Creativa.

Este período es el Momento óptimo para aplicar nuestras energías creativas a todas las áreas de nuestra vida y disfrutar del proceso. Podemos probar nuevas actividades simplemente por diversión, y posiblemente descubramos talentos que desconocíamos.

A pesar de que siempre podemos aplicar nuestra creatividad

a muchos proyectos diferentes, la fase Creativa no tiene tanto que ver con el **producto** como con **el hecho de participar** en una actividad que deje fluir nuestras energías creativas. No importa que el resultado de nuestra creatividad no sea perfecto, o que no tenga una aplicación práctica o comercial, o incluso que acabe en el cubo de la basura. Una vez que empezamos a dejar salir nuestra creatividad descubrimos que responde fluyendo en libertad y aportándonos calma, enraizamiento y satisfacción, sentimientos que normalmente no asociamos a la fase premenstrual.

ACCIÓN DIRIGIDA AL BIENESTAR:
HACER PAUSAS CREATIVAS DE DOS MINUTOS

Durante esta fase puedes aliviar tus sentimientos de frustración y tensión liberando tus energías creativas de forma rápida y simple, en pequeñas cantidades a lo largo del día. Elige una actividad creativa para las próximas jornadas que puedas llevar a cabo en pausas de dos minutos. Podrías garabatear, pintar, escribir una canción, un poema o un cuento, o bordar algo. En un entorno laboral tan activo y cargado de presión podría parecer extraño que la directora general de una empresa sacara de un cajón de su mesa la calceta y se tomara una pausa de dos minutos; pero inténtalo de todas formas y comprueba qué sucede con tus sentimientos de bienestar durante esta fase.

ACCIÓN DIRIGIDA A LA CONSECUCIÓN DE OBJETIVOS:
CREAR ALGO FÍSICO

Identifica algunas áreas en las que puedas aplicar tu creatividad para hacer algo físico. Podrías dibujar un organigrama o un gráfico que muestre la interrelación entre tus objetivos y tus tareas. Si tu meta tiene que ver con un nuevo negocio, realiza un boceto rápido de un logotipo, o si tiene que ver con un producto, juega a diseñar el envase o un folleto. Escribe tus ideas; conviértelas en algo físico para que no queden solo en tus pensamientos. Busca imágenes de tu objetivo y de las cosas que deseas alcanzar, y pégalas en una tarjeta: las tijeras y el pegamento son herramientas creativas.

ACCIÓN DIRIGIDA AL ASPECTO LABORAL:
APLICAR TU DON CREATIVO

Éste es el Momento óptimo para trabajar en cualquier aspecto de tu trabajo que requiera alguna aportación creativa. ¿Por qué no aprovechas este período para crear presentaciones, maquetas y nuevos productos, o para escribir algún texto creativo?

Aplica tus aptitudes para el diseño en documentos o materiales de marketing, tu currículum vítae, la decoración de tu oficina o incluso tu ropa de trabajo.

En esta fase la creatividad puede resultar sumamente intuitiva, así que confía en tus decisiones. Es posible que no sepas por qué algo funciona, pero más tarde seguramente descubrirás las razones gracias a la información que te suministre tu subconsciente.

Toma conciencia de que la creatividad de esta fase puede ser muy focalizada y perfeccionista, y que tal vez te cueste mucho olvidarte del tema si no te encuentras satisfecha con el resultado de tu trabajo. Cuando notes que no estás alcanzando buenos resultados creativos con rapidez y facilidad será un signo de que el Momento óptimo para este tipo de creatividad está pasando.

Fase Creativa
Día 22

MOMENTO ÓPTIMO PARA: SEMBRAR TU SUBCONSCIENTE

Durante esta fase muchas de nosotras experimentamos avalanchas de pensamientos, pero podemos sacar provecho de esta habilidad creativa «sembrando nuestro subconsciente».

Estos períodos de bombardeos de pensamientos nos resultan abrumadores y fuera de control, en especial cuando el pensamiento «raíz» que los activa es negativo y tiene que ver con nuestra vida o con nosotras mismas. Si damos un paso atrás y observamos el proceso como una magnífica capacidad creativa que nos permite acceder al profundo procesamiento interior de nuestro subconsciente, podemos utilizar esta habilidad de forma práctica para desarrollar ideas, solucionar problemas y establecer conexiones. Recuerda que podemos controlar la dirección de nuestra creatividad subconsciente con preguntas y temas para nuevas ideas, soluciones e información.

En términos sencillos, el proceso de «siembra» se produce cuando nuestra mente consciente inscribe una pregunta o un tema en nuestro profundo «cerebro-ordenador». La aparición del símbolo del reloj de arena en nuestra pantalla mental significará que el pedido o el tema solicitado se están procesando.

Después de un tiempo, nuestro cerebro-ordenador nos ofrecerá revelaciones, información, conexiones, ideas, soluciones, imágenes, palabras, impulsos o conocimiento interior... ¡y no saldremos de nuestro asombro!

Trabajar de forma activa con esta habilidad resulta divertido y maravillosamente estimulante. Las ideas y pensamientos, una vez procesados, pueden surgir en cualquier momento y rara vez permanecen «en pantalla» durante mucho rato, lo que significa que tenemos que registrar la idea de alguna manera en cuanto surja. Un buen hábito: llevar siempre un cuaderno o un bloc de notas en el bolso. Con frecuencia el proceso mismo de escribir desencadena más conexiones, ideas e inspiración.

ACCIÓN DIRIGIDA AL BIENESTAR: ACTIVAR EL «GOOGLE» MENTAL

Elige un solo problema que desees resolver y pide alguna respuesta o solución a tu cerebro-ordenador. Ahora búscate alguna actividad que no requiera esfuerzo mental, como lavar los platos o salir a dar un paseo. Concéntrate en tu acción y deja que el cerebro procese la información. Tu subconsciente te responderá enviándote un pensamiento acerca de tu problema, así que analiza todos los que aparezcan y observa qué sucede.

En esta primera etapa de la fase Creativa el proceso resultará creativo y positivo; sin embargo, si notas que la «siembra» desencadena una cascada de pensamientos negativos sobre ti misma, deja esta actividad para su próximo Momento óptimo, que será la fase Reflexiva.

ACCIÓN DIRIGIDA A LA CONSECUCIÓN DE OBJETIVOS: BUSCAR OPINIONES Y SINCRONICIDAD

Elige un tema, alguna cuestión sobre la que necesites inspiración o más información, o bien que te llene de entusiasmo. No tiene que estar específicamente relacionada con tus objetivos. Permite que tu subconsciente procese el tema durante los próximos días y busca activamente opiniones o fenómenos de sincronicidad en el mundo que te rodea. Una vez que tu subconsciente sepa que estás esperando una respuesta, estará sumamente dispuesto a interactuar contigo. Es posible incluso que descubras que establecerá conexiones entre tus objetivos y temas no relacionados entre sí. Las ideas suelen surgir en cualquier momento y puedes perderlas con gran rapidez, así que apúntalas aunque tengas la certeza de que las recordarás.

ACCIÓN DIRIGIDA AL ASPECTO LABORAL:
«TORMENTA DE IDEAS»

¿Qué aspectos de tu trabajo necesitan una tormenta de ideas o un pensamiento original? ¿Hay problemas o áreas de tu vida que necesiten una inyección de ideas, un nuevo enfoque o una forma distinta de hacer las cosas? Si no se te ocurre nada, aprovecha deliberadamente este período para sembrar tu consciencia de preguntas sobre cómo sacar mejor provecho a la habilidad de este Momento óptimo. Hoy, y durante los próximos días, incita a tu mente-ordenador a que dedique parte de su tiempo a procesar estos problemas o cuestiones. Intenta quedarte con la mente en blanco mientras miras por la ventanilla del tren, esperas frente a la máquina de café o das un breve paseo a la hora de comer. Podrías incluso «desconectarte del mundo» en el gimnasio y aprovechar el aburrimiento para activar el procesamiento.

Fase Creativa
Día 23

MOMENTO ÓPTIMO PARA: HACER COSAS PEQUEÑAS

La fase Creativa combina la concentración activa de la fase Dinámica con las emociones de la Expresiva. Pero debido a que merma nuestra energía física y en ocasiones experimentamos una sensibilidad emocional extrema, este período se convierte en un momento de poco control emocional y baja autoestima. En efecto, con gran facilidad perdemos el contacto con nuestra sensación de solidez, de satisfacción y éxito, de amor y poder personal.

La clave para equilibrar esta fase es hacer cosas simples que nos nutran como personas y mantenernos con los pies firmes en la tierra. Necesitamos realizar actividades que nos ayuden a alejarnos de cualquier pensamiento negativo sobre nosotras mismas, que nos inciten a «mirar hacia dentro» para protegernos durante los momentos de extrema empatía y que nos estimulen a desarrollar una sensación positiva de éxito y mejorar nuestra autoestima.

Podemos confeccionar por adelantado una lista de cosas que hacer durante esta fase buscándonos pequeñas actividades o bien partiendo de una tarea importante y dividiéndola en pasos simples. Para sentirnos centradas, hábiles y capacitadas para conseguir nuestros objetivos tenemos que decantarnos por tareas pequeñas que no nos lleven mucho tiempo ni requieran demasiadas opiniones de otras personas (ya que si los demás no hacen lo que queremos y en el momento en que lo necesitamos nos sentiremos frustradas). Cualquier cosa que genere orden nos resultará particularmente satisfactoria e incrementará nuestra autoestima. El hecho de trabajar sobre una tarea simple y ofrecerle toda nuestra atención nos permitirá «perdernos» en la actividad y aliviarnos pacíficamente de cualquier pensamiento negativo, al tiempo que nos protegeremos de los disparadores emocionales externos. Además, cuando concluyamos la tarea experimentaremos una sensación añadida de satisfacción y poder personal.

La belleza de esta fase radica en que empleamos nuestra habilidad natural para hacer nuestras tareas de una en una y «ensimismarnos», lo cual nos ayuda a centrarnos positivamente y finalizar tareas que normalmente nos parecerían monótonas y carentes de interés.

ACCIÓN DIRIGIDA AL BIENESTAR: «NUTRIRTE»

Alimenta tus sentimientos de autoestima y satisfacción con tareas simples y pequeñas que puedas llevar a cabo con facilidad, como limpiar un cajón o un armario de la cocina, o pasar una tarde relajada en un baño de burbujas, rodeada de velas, música suave y bombones.

¿Qué actividades simples te harían sentir «cuidada» y centrada hoy? ¿Necesitas dejar de ver el informativo y evitar oír noticias sobre los problemas de los demás para proteger tu sensibilidad emocional? ¿Te hace falta un poco de tiempo para ti o algo de «lujo» en tu vida? ¿A qué actividad podrías dedicar toda tu atención y te haría sentir plena?

ACCIÓN DIRIGIDA A LA CONSECUCIÓN DE OBJETIVOS: DAR PEQUEÑOS PASOS

Cuando perdemos la sensación de autoestima y nos creemos incapaces de triunfar, nuestra aproximación a los objetivos que nos hayamos planteado sufre un efecto negativo. Es muy importante entonces que nos demos cuenta de que cualquier sensación de agobio o de incompetencia que podamos experimentar en esta fase pasará. Cualquier pensamiento negativo que nos surja en relación con nuestros objetivos o actividades será simplemente un pensamiento, y nuestra percepción cambiará una vez más a medida que pasemos a otra fase. Ésta no es la mejor etapa para introducir modificaciones profundas en nuestros objetivos, así que debemos centrar nuestros pensamientos en los pequeños detalles en lugar de intentar abarcar el panorama general. Confecciona una lista de tareas relacionadas con tus objetivos y divide cada una de ellas en pequeños pasos, algunos tan simples como comprar un sello de correos. Céntrate en realizar estas pequeñas tareas de una en una e ignora cualquier otra cosa. Cada vez que cumplas una sentirás el éxito de haber avanzado un paso más. Recuerda que durante la fase Reflexiva comprobarás si te estás moviendo en la dirección adecuada, así que de momento no te preocupes por nada.

ACCIÓN DIRIGIDA AL ASPECTO LABORAL: HACER PEQUEÑAS COSAS

¿Qué tareas pequeñas o aburridas has estado posponiendo? ¿Tienes que archivar papeles, apilar cajas, comprobar el contenido de tu bandeja de entrada, organizar una sala o quizá hacer fotocopias o alguna otra actividad monótona?

No escribas una lista de «tareas pendientes», porque eso te haría sentir abrumada y presionada ante lo mucho que te queda por hacer. Sin embargo, una vez que hayas finalizado una tarea pequeña, busca algo más que hacer, o repasa los proyectos que apuntaste en el «Día 20».

Fase Creativa
Día 24

MOMENTO ÓPTIMO PARA:
PREPARARTE PARA LA FASE REFLEXIVA

El día de «preparación para la siguiente fase» llega antes en la fase Creativa que en las demás, porque nuestras posibilidades de disponer de energía física y mental para los próximos días de la semana se reducen considerablemente. Al entrar en la fase Reflexiva es posible que iniciemos una etapa de relajación, calma interior y revelaciones. Se trata de un período en el que nuestras energías emocionales, mentales y físicas se retiran hacia un estado de hibernación, aunque también es un tiempo de rejuvenecimiento y recuperación.

Si enfrentamos esta nueva fase con la expectativa de que la llevaremos «con normalidad», iremos en contra de las necesidades de nuestro cuerpo y nos perderemos un Momento óptimo cargado de magníficas habilidades transformadoras.

La fase Reflexiva es nuestro Momento óptimo para analizar cómo nos sentimos, qué queremos ser y dónde pretendemos llegar en la vida. Es el momento de asumir nuevos compromisos y de movernos en otras direcciones.

No podemos alcanzar el nivel de conciencia de la fase Reflexiva si no paramos de correr de un lado a otro cumpliendo con reuniones, responsabilidades y expectativas, así que debemos delegar, dejar de lado la perfección y el control y pedir a otras personas que nos apoyen un poco más durante unos días.

Para sacar provecho de este Momento óptimo tenemos que concedernos tiempo para pensar, sentir y simplemente «ser». Y podemos hacerlo repasando en nuestra agenda todas las tareas, responsabilidades y horarios que debemos cumplir, y priorizando las actividades de manera que podamos contar con más tiempo de relajación al menos durante los días 1 a 4. Conviene que recordemos que contaremos con más energía física y mental en la fase Dinámica, lo cual nos permitirá ponernos al día.

ACCIÓN DIRIGIDA AL BIENESTAR: CREAR TIEMPO LIBRE

Pide con antelación a otras personas que se ocupen de algunas de tus actividades, responsabilidades y tareas normales durante los días 1 a 4. Al hacerles conocer ahora tu situación les estarás proporcionando suficiente tiempo como para que adapten sus propios horarios y sus expectativas sobre lo que tú harás. Intenta evitar también los eventos sociales, los horarios frenéticos o las situaciones demasiado exigentes, de manera que puedas contar con más tiempo a solas para «nutrirte» como persona.

ACCIÓN DIRIGIDA A LA CONSECUCIÓN DE OBJETIVOS:
PRIORIZAR

La fase Reflexiva es muy importante para ayudarnos a repasar nuestros objetivos y nuestros progresos en pos de conseguirlos. Si no nos cedemos tiempo de reflexión durante esta etapa nos perderemos la poderosa ocasión de conocer lo que es bueno para nosotras y, o bien tomar un nuevo rumbo, o reafirmar el que ya hemos tomado. Analiza tus horarios y tus tareas pendientes, y establece prioridades. Saber que experimentarás una reducción en tu energía mental y física durante la semana próxima te ayudará a centrar en tus propias acciones prioritarias la energía de la que sí dispones ahora. Adelantarte a tu organigrama te concederá el tiempo de relajación que necesitas para cavilar durante la fase Reflexiva.

Acción dirigida al aspecto laboral:
Crear soluciones para aligerar tus obligaciones

Los últimos días de la fase Creativa y los primeros de la Reflexiva pueden convertirse en un verdadero conflicto cuanto se te acumulan los plazos de entrega y dispones de poca energía mental y física para cumplir con todos ellos.

Si te obligas a mantener tu ritmo habitual durante este período, perderás la valiosa oportunidad que ofrece esta fase. Analiza hoy todos tus compromisos y obligaciones para los próximos ocho días, evitando en la medida de lo posible las presiones y exigencias físicas durante los dos primeros días de menstruación. Si son inevitables, céntrate en conseguir que uno o dos días del resto de la fase Reflexiva lleven un ritmo menos frenético. Cuanto más tiempo ofrezcas a los demás para que cambien una cita, un programa, un plazo de entrega o una expectativa, mayores serán las probabilidades de que respondan positivamente.

Aplica las habilidades de tu fase Creativa a cualquier problema que surja en tu organigrama preguntándote cómo podrías conseguir el resultado que deseas sin involucrarte personalmente, y esperando que surja alguna solución.

Fase Creativa
Día 25

MOMENTO ÓPTIMO PARA: REDUCIR NUESTRO RITMO DE VIDA

¿Cuándo fue la última vez que pudiste reducir tu ritmo de vida? La cultura moderna nos lo pone difícil: tenemos que estar disponibles 24 horas los siete días de la semana y todo tiene el mismo nivel de prioridad, por lo que tiene que ser llevado a cabo de inmediato. Si no cumplimos con esa exigencia podemos llegar a sentirnos culpables o temerosas de no resultar competentes o incluso llegar a pensar que nuestro trabajo está en juego. Muchas personas experimentan una sensación de fracaso personal.

«Hacer» y «lograr» suele ser más importante que «ser», y por eso nos definimos únicamente a través de las acciones que emprendemos y los éxitos que hemos alcanzado. Nos limitamos a desear solo el aspecto de la fase Dinámica, con lo cual nos arriesgamos a perder las magníficas ventajas de conocer nuestros aspectos más profundos. Esta situación, lógicamente, crea estrés, porque de forma natural somos incapaces de mantener esos niveles de motivación y energía mental y física. Cuando finalmente nos detenemos o reducimos nuestro ritmo, o bien cuando acabamos un proyecto, nos sentimos incómodas y perdidas; incapaces simplemente de ser quienes somos porque en realidad nunca lo hemos experimentado.

Aceptar este Momento óptimo nos obliga a priorizar nuestra energía y nuestras acciones, a mantenernos firmes en nuestras planificaciones, a marcar límites sobre lo que haremos y a conceder más valor a ser quienes somos, en lugar de a realizar ciertas actividades o conseguir determinados objetivos. Lo bueno de este ejercicio es que nos permite seguir funcionando productivamente en el activo mundo moderno, pero desde una perspectiva de calma interior y desapego. El efecto de «ralentización» implica que las tareas y los proyectos mentales que normalmente nos llevarían cinco minutos nos consumen toda una tarde, y que comprender o aprender nuevas estructuras o conceptos nos parece imposible. Nuestras actividades físicas normales nos resultan agotadoras; el viaje diario al trabajo, los trayectos a la escuela y la compra semanal nos abruman.

Se necesita mucho valor para aceptar este aspecto de nuestro ciclo, y es posible que tengamos que organizarnos de otra manera para reducir nuestro ritmo de actividad. Las recompensas, sin embargo, son considerables: salir del carril rápido, reducir el estrés, conseguir una perspectiva más equilibrada sobre lo que de verdad importa, experimentar la inspiración creativa, la calma y la aceptación, y ser capaces de volver al carril rápido con renovado entusiasmo, fuerza personal y determinación. Durante un viaje prolongado todos necesitamos hacer paradas de descanso de vez en cuando.

ACCIÓN DIRIGIDA AL BIENESTAR: PERMITIR QUE TU CUERPO REDUZCA SU RITMO

¡No te aceleres tanto! Tu cuerpo lo necesita y también tu mente. Durante los próximos días de tu ciclo procura reducir gradualmente el ritmo de tu vida. Intenta disponer de diez minutos más de sueño o de tiempo de relajación, y si tienes que caminar opta por el paso tranquilo en lugar de las carreras urbanas habituales.

Decántate por los descansos breves y frecuentes a lo largo del día. El ciclo de concentración del cuerpo dura noventa minutos, así que una siesta de diez puede ayudarte a recuperar energías.

ACCIÓN DIRIGIDA A LA CONSECUCIÓN DE OBJETIVOS: SER REALISTA

Te sentirás frustrada y estresada si esperas demasiado de ti misma en los próximos días. Sé realista en cuanto a lo que puedes conseguir y no te critiques si no eres capaz de mantener tu elevado nivel habitual de actividad. Es posible que notes que tus habilidades mentales se reducen y algunas tareas te resultan más complicadas, por lo cual te frustrarás. Pero toma conciencia de lo que puedes hacer y sé realista, además de recordarte que dispones de otros talentos y habilidades en esta fase que también puedes aprovechar.

ACCIÓN DIRIGIDA AL ASPECTO LABORAL: DISPONER DE MÁS TIEMPO

Asígnate más tiempo del que normalmente necesitas para todas las tareas que tengas que hacer hoy. Posiblemente observes que piensas con más lentitud y que estos días estás físicamente más lenta, razón por la cual tus tareas duran más. Si te resulta imposible evitar una jornada frenética y exigente, intenta equilibrarla con más tiempo de relajación por la noche o al día siguiente. Si eres autónoma y cobras por hora de trabajo, tendrás que tener en cuenta esta ralentización, aunque sin olvidar que durante la fase Dinámica te pondrás al día.

Solo por hoy intenta apreciar las ventajas de moverte más lentamente. Observa las carreras frenéticas y el estrés de los demás y reconoce que al haber establecido tus prioridades laborales y asignado más tiempo a tus obligaciones no tienes necesidad de perder tu sensación de calma interior.

Fase Creativa
Día 26

MOMENTO ÓPTIMO PARA: DESPEJAR EL CAMINO

Durante la fase Creativa es posible que experimentemos emociones explosivas, contengamos nuestra energía física y sintamos frustración e intolerancia. Pero cuanto más intentemos reprimir o restringir estas impresiones, más probable será que aparezcan en un momento inesperado, con el riesgo de que un acontecimiento menor dispare una cascada de emociones y sentimientos que no guardan proporción alguna con las circunstancias.

Estas percepciones e impulsos no son negativos, sino un indicador de que necesitamos un cambio; y también actúan como una fuerza de transformación poderosa y positiva si los encaminamos en la dirección adecuada. Si no aplicamos estas energías ni les brindamos la oportunidad de fluir, solemos sentirnos a merced de abrumadoras fuerzas que escapan a nuestro control. Muchas mujeres liberan de forma instintiva sus sentimientos de la fase Creativa dedicándose a ordenar frenéticamente y a hacer una limpieza general. El deseo subyacente en la fase Creativa es «crear», y nuestra sensación de intolerancia y frustración son sentimientos que naturalmente eliminan lo superfluo y estancado para dar paso al desarrollo de algo nuevo.

Esto convierte la fase Creativa en un Momento óptimo para que analicemos nuestro entorno, proyectos, objetivos y trabajo, y nos deshagamos de lo que ya no necesitamos y de aquellos aspectos que ya no funcionan o resultan improductivos. Es nuestra oportunidad de hacer una poda intensa para permitir que crezca algo nuevo.

Al aprovechar la oportunidad que nos ofrece la fase Creativa de liberar nuestros sentimientos y emociones de forma constructiva contamos con la ventaja añadida de trasladar una mayor carga emocional al mes próximo.

Acción dirigida al bienestar:
llevar a cabo una limpieza emocional

Observa el entorno en el que vives y presta atención a tus sentimientos. ¿Qué cosas te resultan molestas, desordenadas, sucias o merecedoras de una buena limpieza? Éste es el momento de comenzar a «limpiar» y despejar el ambiente.

Deja que cualquier sensación de frustración, tensión física, intolerancia y estrés fluya a través de ti mientras limpias. Es probable que dichos sentimientos estén relacionados con acontecimientos, acciones y relaciones del pasado, y que generen imágenes y conversaciones en tu mente. La necesidad de limpiar y purificar lo externo se origina en una intensa exigencia interna de liberar emociones y aceptarnos a nosotras mismas, perdonar y olvidar.

Concéntrate en tu limpieza y permite a las emociones estar ahí. Suele resultar difícil concederles libertad, pero cuentas con una magnífica y poderosa oportunidad de aceptar tu ser del pasado, perdonar y amarte a ti misma. Pregúntate si realmente desear seguir cargando con ese peso emocional durante otro mes.

Acción dirigida a la consecución de objetivos:
centrar tu energía

Éste es el Momento óptimo para deshacerte de enfoques y planes de acción que no están dando el resultado que buscas.

¿Qué cosas han funcionado mal durante este último mes? Repasa la lista de acciones que confeccionaste durante la fase Dinámica y pregúntate cuáles de ellas aún te resultan importantes.

¿Qué metas no has alcanzado, qué enfoques no dan buenos resultados y deben cambiar?

Centra tus energías en lo importante. ¿Qué tareas quieres llevar a cabo el mes próximo? ¿Qué dejarás atrás? Redacta una nueva lista, que repasarás durante la fase Reflexiva.

ACCIÓN DIRIGIDA AL PROGRESO LABORAL: DESPEJAR

Observa tu entorno laboral y pregúntate qué áreas necesitan más organización, limpieza u orden. ¿Qué cosas tienes que clasificar? Ahora es el momento de ponerte manos a la obra.

ADVERTENCIA

En esta fase tendemos a quedar atrapadas en el torbellino de la limpieza frenética y a tirar cosas que podrían sernos útiles. Para no arriesgarte, guarda aquellas cosas que tal vez necesites en el futuro, pero preferiblemente en algún lugar fuera de tu vista. Cuando llegues a la fase Dinámica revisa este material, porque tendrás más claro si te hará falta alguna vez o no.

Éste es también un buen período para identificar y eliminar aspectos de proyectos que ya no resultan productivos o efectivos. Aplica tus habilidades de la fase Creativa para identificar y limpiar las áreas estancadas, sin olvidar sembrar tu subconsciente con el fin de crear nuevas ideas para el futuro. No comiences nada nuevo todavía ni arregles ninguna cosa ahora mismo, porque para eso está la fase Dinámica. De momento reconoce lo que es importante o útil y deshazte de lo que no lo es.

Fase Creativa
Día 27

MOMENTO ÓPTIMO PARA: ESCUCHAR NUESTRAS
NECESIDADES INTERIORES

Para muchas de nosotras, la fase Creativa —tan cargada de intensos cambios de humor, pensamientos fuera de control y autocrítica— puede parecer un período muy difícil, y por eso solemos anhelar que las hormonas cambien y volvamos a la «normalidad». Pero si solo nos centramos en desear que esta fase finalice nos perderemos los importantes mensajes que nos transmite sobre nuestros sentimientos y necesidades más íntimos.

La autocrítica y los pensamientos negativos son mensajeros que nos revelan que carecemos de autoestima, amor y poder personal, y que si han surgido es porque hemos negado nuestras verdaderas necesidades o nos hemos alejado de ellas durante las tres semanas que han pasado. Nuestra reacción ante estos pensamientos que nos atacan puede consistir en intentar aplacarlos a través de un «atracón emocional» de comida y bebida, ignorando el mensaje de «arreglar» nuestra persona y circunstancias, o bien en creer en ellos completamente y acabar odiándonos, sumidas en la depresión.

Los sentimientos negativos son el resultado de creer en nuestros pensamientos críticos sobre nosotras. Cuanto más dolorosa es la emoción, más punzante es el contenido del pensamiento que creemos. Nuestra sensación de fortaleza y poder personal es la que nos proporciona fuerza y plenitud, y cualquier alteración de la fase Creativa nos estará indicando que hemos perdido contacto con quienes somos.

Cuando dejamos de creer en las mentiras que pensamos y optamos por escuchar la verdad que llevamos dentro, conseguimos reconstruir nuestra imagen de nosotras mismas centrándonos en nuestras necesidades y satisfaciéndolas. Una fuerte autoestima consigue que nuestros pensamientos críticos pierdan fuerza, lo cual activa la liberación de las energías y las habilidades de la fase Creativa para algo mucho más positivo.

ACCIÓN DIRIGIDA AL BIENESTAR: ESCUCHAR TUS NECESIDADES

Concédete un minuto de tu tiempo para centrarte en ti misma y preguntarte: «¿Qué necesito hacer en este momento para satisfacer mi necesidad de quererme?». Piensa durante todo ese minuto; la respuesta puede ser simple. Cualquiera que sea, comprométete a hacerla realidad, ya que eso te ayudará a mejorar tu autoestima porque legitimará y satisfará tus necesidades reales.

Puedes dedicarte tantos minutos a ti misma durante el día como necesites. Para intentar evitar que la fase Creativa del mes próximo te resulte emocionalmente perjudicial puedes probar esta técnica al menos una vez al día.

ACCIÓN DIRIGIDA A LA CONSECUCIÓN DE OBJETIVOS: CENTRARTE EN LAS NECESIDADES SUBYACENTES

¡No actúes a partir de cualquier pensamiento negativo sobre ti misma o tu objetivo! Esto significa que **en ningún caso te plantees numerosos objetivos nuevos** y te pongas a trabajar en ellos con la idea de que te sentirás más feliz una vez que los hayas alcanzado. Si estas nuevas metas están realmente en sintonía con tus necesidades, recibirás la confirmación durante el repaso de la fase Reflexiva y entonces actuarás positivamente en la fase Dinámica. De momento céntrate en reconocer y comprender los mensajes ocultos tras los pensamientos críticos.

ACCIÓN DIRIGIDA AL ASPECTO LABORAL: NO TOMARTE NADA A TÍTULO PERSONAL

¡No te tomes nada como una afrenta personal! Nada de lo que digan tus compañeros acerca de tu trabajo es un ataque hacia ti, sino una expresión de lo que sienten y necesitan. Nada de lo que te digas a ti misma sobre tu trabajo es cierto tampoco; se trata simplemente de una reflexión sobre cómo te sientes y cuáles son **tus necesidades insatisfechas en estos momentos.** Una vez que tus hormonas cambien, también lo hará tu forma de ver tu trabajo, así que nada es en realidad cierto o «verdad».

Recuerda que las emociones de la fase Creativa no son «malas» y que tú tampoco lo eres por sufrirlas. Simplemente representan un poderoso mensaje que te ayuda a recuperar la armonía y la fortaleza.

RESUMEN DE LA FASE CREATIVA

Para poder evaluar mejor tus experiencias durante la fase Creativa, responde el siguiente cuestionario:

1. ¿Cómo has experimentado la fase Creativa? Comparándola con la fase Expresiva, ¿cómo te has sentido?

Emocionalmente	
Mentalmente	
Físicamente	

2. ¿En qué días del plan has notado que la información y las acciones concordaban con tus experiencias personales?
3. En comparación con la fase anterior, ¿qué habilidades has notado más exacerbadas o minimizadas durante ésta?
4. ¿Cómo has aplicado de forma práctica tus habilidades potenciadas durante este mes?
5. ¿Qué piensas hacer el mes próximo con las habilidades asociadas a los Momentos óptimos de la fase Creativa?
6. ¿Qué ha sido lo más sorprendente, intrigante o increíble que has descubierto sobre ti en esta fase?

Personaliza el plan

Si deseas que el Plan diario de la Mujer cíclica se ajuste a tu ciclo personal, personalízalo eligiendo acciones que concuerden con las habilidades de tus Momentos óptimos y apuntando todas ellas junto a la fecha del ciclo en la que las apliques. Recuerda que puedes repetir acciones individuales durante varios días.

Completa el gráfico que aparece a continuación y comprueba si puedes planificar para el mes próximo algunas tareas que te permitan sacar máximo provecho de tus habilidades potenciadas.

Fase Dinámica		
Mi Momento óptimo para:		
Número de día del ciclo	Acciones asociadas al Momento óptimo	Tarea planificada para el próximo mes

Fase Reflexiva
Día 1

MOMENTO ÓPTIMO PARA: MEDITAR Y SER

Bienvenida a la fase Reflexiva. Éste es el primer día de la menstruación, convencionalmente llamado día 1 del ciclo menstrual y la marea más baja en el flujo de energías femenino.

Esta fase nos invita a evadirnos del poder de nuestra mente y nuestra personalidad, y ofrece a nuestro cuerpo la ocasión de descansar y restablecerse.

Eso significa que contamos con un Momento óptimo de paz y calma, desapego, pasividad y una ocasión para conectar con nosotras mismas y el mundo a un nivel más profundo.

El primer día de la menstruación suele acarrear una mezcla de experiencias y emociones; por ejemplo, puede producir dolor y otros síntomas incómodos, agradecimiento por el cambio hormonal que nos rescata de la agitación de la fase Creativa, y quizá tristeza o alivio ante la confirmación de que no se ha producido la concepción. En algunas mujeres la entrada a la fase Reflexiva puede tener lugar unos días antes o después de la menstruación.

Con el cambio a la fase Reflexiva es posible que mejoren nuestros niveles de claridad mental y procesos de pensamiento estructurado, lo que nos incita a pensar que todo ha pasado y a esperar regresar a la vida «normal». Sin embargo, si rechazamos este momento de hibernación física, mental y emocional estaremos anulando los naturales sentimientos de satisfacción y bienestar propios de la fase.

La etapa Reflexiva se caracteriza por sus bajas energías, profundas emociones y estado meditativo natural. Sin embargo, tenemos que aceptarla y dejar de lado nuestras expectativas de «normalidad» para disfrutar en cambio de las habilidades de meditación, reflexión, compromiso y profundo conocimiento interior que este Momento óptimo aporta a nuestra vida.

ACCIÓN DIRIGIDA AL BIENESTAR: MEDITAR

En esta fase notarás una habilidad natural para meditar, y si en el pasado te ha resultado difícil meditar o deseas practicar esta técnica por primera vez, éste es el Momento óptimo para dar el primer paso. Elige un método que te agrade o simplemente mira a través de una ventana, siéntate en un parque o un jardín, contempla un río o relájate sobre una cama o un sofá.

Acepta que cuentas con la oportunidad de experimentar una profunda percepción de la vida y una conexión que elimina los desechos mentales y te permite detectar lo que realmente importa. Te sentirás mejor y más calmada si puedes disfrutar de este período en lugar de combatirlo.

ACCIÓN DIRIGIDA A LA CONSECUCIÓN DE OBJETIVOS: RELAJARTE

Deshazte de todos los pensamientos relacionados con tus metas, planes de acción y tareas, y simplemente no hagas nada.

Olvídate de los logros y concéntrate en las pequeñas cosas de la vida, como disfrutar de la comida, el calor del sol, los sonidos del tráfico y los colores que te circundan. Estas vacaciones lejos de tu cabeza te abren un espacio para que puedas darte cuenta de que la vida es mucho más que tus logros futuros. Tienes la oportunidad de sentir lo bueno que es estar viva y formar parte de algo mucho más grande que tus sueños.

ACCIÓN DIRIGIDA AL ASPECTO LABORAL:
TRABAJAR CON TUS ENERGÍAS

Se supone que has podido planificar tus actividades con antelación para que este día y los dos próximos resulten menos frenéticos de lo acostumbrado. En el trabajo es posible que tiendas a resistirte a esta fase de hibernación, pero las expectativas poco realistas sencillamente producen frustración y estrés. Sé realista sobre lo que puedes conseguir y céntrate en una cosa cada vez, ya que es posible que tu capacidad para hacer varias actividades simultáneas se encuentre limitada. Nota en qué momento del día pierdes energía, para poder sacar máximo provecho de los períodos en que te encuentras más alerta.

Y si tus días siguen siendo febriles, déjate las noches libres para relajarte y permitir que tu cuerpo recupere energías.

Fase Reflexiva
Día 2

MOMENTO ÓPTIMO PARA:
ENTRAR EN CONTACTO CON TU PROPIO SER

La fase Reflexiva es nuestro Momento óptimo para relajarnos y dejar a un lado la necesidad de introducir cambios inmediatos en el mundo.

A diferencia de la fase Creativa, en la que intentamos crearnos a nosotras mismas y nuestro camino en la vida mirando hacia fuera, la fase Reflexiva dirige nuestra mirada hacia dentro, a ese nivel de conciencia y sabiduría que supera nuestros pensamientos y deseos diarios, a nuestro auténtico centro. Esta fase nos regala la incomparable oportunidad de entrar en contacto con nosotras mismas, de experimentar quiénes somos en realidad y de descubrir dónde se encuentra el camino hacia nuestra felicidad.

Casi permanentemente vivimos detrás de máscaras; por ejemplo, en el trabajo es posible que luzcamos una máscara laboral, otra diferente con nuestros amigos, otra con nuestra pareja y otra más con nuestros familiares. Cada máscara es una recopilación de pensamientos sobre quiénes y qué somos, qué somos capaces de hacer y cuál es el comportamiento más apropiado. A pesar de que las máscaras resultan útiles en los múltiples papeles que debemos desempeñar, lo cierto es que al usarlas nos arriesgamos a perder el contacto con la persona real que se oculta tras todas ellas.

Cada mes la fase Reflexiva nos invita a regresar a nuestro ser verdadero, más allá de nuestras propias expectativas e incluso las de los demás. Para algunas mujeres se trata de una experiencia sumamente difícil, en especial si su percepción de sí mismas se basa en sus logros, éxitos, etiquetas laborales o rangos sociales, como «ser madre». Quitarse las máscaras y descubrir el vacío resulta ate-morizante, pero nos permite preguntarnos: «¿Qué ofrece la vida para comenzar a llenar este espacio?». Si probamos diferentes ideas nos conectaremos con aquellas cosas que nos hagan sentir com-pletas y aumenten nuestro bienestar. A veces eso supone regresar a una imagen nuestra que pertenece al pasado, o a las actividades que realizábamos hace tiempo; pero no se trata de un retroceso, sino de una percepción de lo mucho que nos hemos alejado de nuestro ser auténtico y su camino, y de un compromiso a encarrilar nuestra vida.

Acción dirigida al bienestar: eliminar las cargas

Tal vez notes que algunos acontecimientos ocurridos durante el mes se han convertido en una pesada carga emocional. Entrar en contacto con nuestro ser verdadero en este período nos permite deshacernos de esa carga y crear una imagen completamente nueva de nosotras mismas para el mes próximo.

Hoy, simplemente tómate un rato para relajarte y sentir el bienestar, la aceptación y la conexión que de modo natural surgen en la fase Reflexiva. Mientras te centras en estos sentimientos, re-pasa tus emociones y los acontecimientos que las generaron. Pre-gúntate: «¿Tengo ganas de vivir esta emoción?», «¿Tengo ganas de repasar este acontecimiento/ respuesta del pasado?» y «¿Tengo ga-nas de trasladar esta reacción al mes próximo?» Tu actitud natural en esta fase te ayudará a deshacerte de tu carga emocional.

Acción dirigida a la consecución de objetivos: redescubrir la satisfacción

Pregúntate: «¿Qué me haría sentir satisfecha y plena?», «¿Qué he perdido y tengo que recuperar?» y «¿Qué es lo importante para mí?».

No intentes analizar las preguntas ni a ti misma; simplemente relájate y déjate guiar por tus sentimientos. En ocasiones la respuesta puede parecer desalentadora, pero cuando los sentimientos que impulsan un cambio son positivos y fuertes, aportan fortaleza y compromiso para llevarlo a cabo.

En los próximos días «sueña» con las respuestas a estas preguntas y con las acciones que dichas respuestas están exigiendo. Este ejercicio permitirá que tu consciencia se acostumbre a cualquier idea desestabilizadora, y además te impulsará a comprometerte a dar los primeros pasos el mes que viene.

ACCIÓN DIRIGIDA AL ASPECTO LABORAL: NO ENGAÑARTE

Ahora es el momento de analizar de modo realista tu «máscara» laboral. ¿La forma de comportarte en el trabajo y tu actividad allí reflejan tu verdadero ser? ¿Qué imagen nueva, renovada y verdadera de ti misma podrías incorporar el mes próximo?

Tómate un momento para confeccionar una lista de todos tus valores fundamentales y de las cosas que te dan felicidad y dicha tanto en tu vida personal como laboral. Intenta no limitar, analizar ni justificar el listado. No actúes sobre el contenido de la enumeración; tampoco te plantees compromisos ni te hagas promesas a ti misma todavía: simplemente disfruta de este reflejo de quien eres ahora mismo.

Si conservas alguna lista del mes pasado, observa qué ha cambiado y qué continúa igual.

Fase Reflexiva
Día 3

MOMENTO ÓPTIMO PARA:
DESCUBRIR LAS VERDADERAS PRIORIDADES

La fase Reflexiva garantiza mejores aptitudes y claridad mental que la Creativa, pero dado que disponemos de un grado limitado de energía física y motivación, debemos centrar esta energía en nuestras máximas prioridades.

Todas cargamos con una lista interna de «deberías» surgidos de las expectativas de nuestra familia, la sociedad y nuestro entorno laboral sobre lo que tenemos que hacer para ser aceptadas, amadas, tener poder y sentirnos a salvo. Nuestros «deberías» han sido creados a partir de historias que las personas nos cuentan y de aquellas que nosotras narramos a los demás.

Pero el término «debería» suele acarrear una sensación de culpa, y nosotras, además de sentirnos culpables por no haber satisfecho múltiples expectativas en el pasado, nos añadimos la carga emocional mensual de una lista de tareas pendientes.

La actitud de la fase Reflexiva —«no tengo ganas» de ciertas cosas— nos ayuda a tomar conciencia de que nuestros «deberías» se basan en las exigencias que los demás nos imponen, un reconocimiento que nos da fuerzas para deshacernos de tantas expectativas. Entonces nos sentimos libres de culpa y experimentamos una mayor libertad de elección.

La fase Reflexiva es el Momento óptimo para repasar nuestra lista de acciones necesarias, analizar las expectativas que tenemos sobre nuestra vida, trabajo y objetivos, y descubrir qué es lo que realmente nos importa. Podemos preguntarnos por qué estamos utilizando la palabra «debería» en lugar de «podría», y analizar tanto los temores asociados a los resultados no conseguidos como nuestra resistencia a llevar a cabo una tarea determinada. Librarnos de nuestros «deberías» transforma nuestra percepción en una sustentadora lista interna de «podrías», es decir, de tareas potenciales para el mes que viene. En otras palabras, nos permitimos elegir libremente y sin agobios qué acciones poner en práctica.

ACCIÓN DIRIGIDA AL BIENESTAR:
CAMBIAR LOS «DEBERÍAS» POR «PODRÍAS»

Nuestra lista interna de «deberías» surge de las historias que nos han contado otras personas sobre cómo tiene que ser el mundo para que *ellas* se sientan amadas y seguras. ¿Cuántos de tus «deberías» no te pertenecen, en realidad? ¿De quién es la historia que te estás creyendo? ¿Cuántos de los «deberías» de tu infancia siguen todavía formando parte de tu carga? Cambia la palabra «debería» por «podría» en todos tus pensamientos o frases, porque así te sentirás con opción a decidir si entrar en acción o no.

ACCIÓN DIRIGIDA A LA CONSECUCIÓN DE OBJETIVOS:
«PULIR» TU LISTA INTERNA

Redacta tu lista interna de «tareas pendientes».
Incluye todo: desde tus metas de la infancia hasta los sueños que aún no has hecho realidad. Junto a cada acción apunta durante cuánto tiempo ha formado parte de tu lista mental y emocional, y a continuación añade si debe ser considerada un «debería». ¿Existen en tu lista algunas acciones que desesperadamente quieras hacer o que en verdad desees que otros hagan por ti? Subráyalas. Coge un rotulador negro de punta gruesa y tacha los «deberías»… percibiendo el peso emocional de todos ellos. ¡Verás que la culpa desaparece! Ahora no des ningún paso en relación con las tareas

que has subrayado, pero recuerda que se convertirán en la base de tu lista de objetivos para la próxima fase Dinámica.

ACCIÓN DIRIGIDA AL ASPECTO LABORAL: IDENTIFICAR LAS FUENTES DE PRESIÓN

Tómate unos instantes para repasar las presiones que sientes en el trabajo. ¿Qué te hace sentir estresada o desdichada? Pregúntate qué esperan los demás de ti y de tu trabajo. ¿Se trata de expectativas razonables dado tu tipo de empleo, tu salario, tus horarios, tu capacitación, tus aptitudes y el tiempo del que dispones? ¿Podrías hacer mejor tu trabajo si no trasladaras al mes próximo la presión que ejercen sobre ti los «deberías» de los demás? ¿Puedes identificar el miedo que esconden sus expectativas sobre ti? ¿Te sientes capaz de aliviarlo?

Fase Reflexiva
Día 4

MOMENTO ÓPTIMO PARA: DEJAR DE RESISTIRNOS

La energía naturalmente baja de la fase Reflexiva nos brinda la oportunidad de deshacernos de las preocupaciones y los temores, simplemente porque no disponemos de energía para dedicarles. Cuando dejamos de resistirnos a esta fase y aceptamos nuestra ralentización, sucede algo maravilloso: descubrimos un ámbito de gran calma y bienestar que va más allá de nuestros ruidosos pensamientos cotidianos. Dentro de este espacio interior encerramos sentimientos de aceptación, plenitud y la profunda sensación de que todo está y estará bien. Por desgracia la sociedad moderna no nos ofrece la oportunidad de olvidarnos de todo y relajarnos durante esta fase, y es nuestra necesidad de satisfacer las expectativas sociales la que incrementa nuestra oposición a la fase Reflexiva.

Casi todas oponemos resistencia de forma natural. En nuestras múltiples capas de pensamientos relacionados con la seguridad nos resistimos a cualquier cosa que parezca amenazarnos. Y cuanto más nos resistimos, más inflexibles nos volvemos y más se aleja nuestra perspectiva de la realidad de las situaciones que debemos afrontar. Cuando nos damos cuenta de que rendirnos a la fase Reflexiva nos enriquece, además de concedernos control, fuerza y bienestar, es más probable que dejemos de resistirnos al «ritmo más lento».

La etapa Reflexiva nos ofrece la magnífica oportunidad de sentir que la vida está bien tal como la vivimos en estos momentos. Nos arraiga al presente y nos ayuda a deshacernos tanto de las expectativas sobre el futuro como de los recuerdos del pasado. Éste es el Momento óptimo para reflexionar sobre nuestras preocupaciones y ansiedades actuales, dado que nuestra conexión natural con nuestra seguridad interior nos permite descubrir que son irreales y que debemos confiar en el proceso de la vida. En la vorágine del resto del mes solemos perder esta conexión, pero de momento contamos con la sorprendente posibilidad de disfrutar de la sensación de que todo va bien tal como está. Y eso es maravilloso.

ACCIÓN DIRIGIDA AL BIENESTAR:
DEJAR DE LADO LAS EXPECTATIVAS

¿Te estás resistiendo a tu fase Reflexiva? ¿Puedes, durante pocos días cada mes, simplemente dejar de lado tus expectativas y aceptar de buen grado que tendrás que dejar muchas cosas aparcadas o que te llevarán un poco más de tiempo?

¿Por qué crees que te estás resistiendo a la oportunidad de ir más despacio y conectar con un aspecto más profundo de ti? Solo por hoy prueba a bajar tu ritmo; no dejes que nada te perturbe demasiado, y nota cómo se relaja tu cuerpo y crece tu sensación de felicidad. Durante el día tómate un poco más de tiempo para observar tu respiración. Disfruta de la agradable sensación de que tu cuerpo reciba el aire que necesita y de que expulse el que no le hace falta. Céntrate en estas emociones positivas y en la experiencia de seguridad que producen.

ACCIÓN DIRIGIDA A LA CONSECUCIÓN DE OBJETIVOS:
DESCUBRIR TU RESISTENCIA

Cuando sentimos malestar por algo, significa que estamos oponiendo resistencia a alguna cuestión. Piensa en tus objetivos y en lo que has hecho al respecto el mes pasado, y nota cuándo y dónde has percibido estrés emocional, mental o físico. Estas sensaciones te indican que te estás oponiendo a la situación.

Tal vez tus metas y acciones no estén en sintonía con tu verdadero ser y tus necesidades actuales, o estés intentando forzar la realidad para que se adapte a tus deseos en lugar de aceptarla tal cual es.

¿Qué áreas consideras más afectadas a este respecto y cuáles parecen fluir con facilidad ante el mínimo esfuerzo?

El primer paso para relajarte y revisar tus metas consiste en aceptar que tu ser verdadero está oponiendo resistencia al camino que la mente le está obligando a seguir.

ACCIÓN DIRIGIDA AL ASPECTO LABORAL:
TOMAR UNA NUEVA DIRECCIÓN

Piensa en que áreas estás invirtiendo mucho esfuerzo, tiempo o dinero y no te ofrecen ningún resultado positivo ni recompensa.

¿Estás volcando tus energías en la dirección correcta, o te estás oponiendo a la situación y luchas por hacer las cosas a tu modo?

¿Podrías enfocar las cosas de otra manera y probar una nueva dirección que te permita alcanzar los resultados positivos que buscas?

Fase Reflexiva
Día 5

MOMENTO ÓPTIMO PARA: RECONSIDERAR

La fase Reflexiva es el Momento óptimo para analizar nuestra vida y nuestras metas, y comprobar si aún coinciden con lo que deseamos conseguir y cuentan con el incentivo y el entusiasmo originales.

En la fase Reflexiva, reconsiderar no significa llevar a cabo un proceso analítico, sino una actuación guiada por la conexión natural que en estos momentos mantenemos con nuestros aspectos más profundos. «Reconsiderar» se acerca más a meditar o reflexionar, haciendo más énfasis en nuestros sentimientos e intuiciones.

Durante la fase Creativa es posible que experimentemos intensas revelaciones o fuertes impulsos de librarnos de ciertas situaciones, actividades o personas; pero deberíamos entrar en acción una vez que hayamos dejado atrás la fase Reflexiva. Éste es un período para mantener la idea en nuestra mente y ponerla a prueba frente a nuestra sensación de que es «lo correcto» y nos hará sentir bien. Tenemos que preguntarnos si nos parece apropiado finalizar una cosa y comenzar una nueva, o si podemos ver la situación de forma impersonal y dejarla ir con el mes pasado. La situación puede en realidad ser correcta y necesitar simplemente mejorar en ciertas áreas.

La fase Reflexiva nos ofrece la oportunidad de reconsiderar situaciones y reflexionar sobre nuestros sentimientos al respecto antes de comprometernos a actuar.

Este proceso, que tiene lugar durante la fase Reflexiva, se produce a un nivel muy profundo y encierra la promesa de provocar un cambio importante y positivo en nuestra vida. Desprendernos de ciertas situaciones sabiendo que «es lo correcto» nos ayudará a aliviar la presión mental cuando nuestra cabeza comience a analizar y cuestionar más intensamente durante la fase Dinámica, y nos protegerá del apremio que puede ejercer sobre nosotros la opinión de otras personas.

El proceso de reconsideración durante la fase Reflexiva también nos abre a profundas intuiciones e ideas sobre diversas situaciones de nuestra vida. El simple hecho de reconocer y aceptar un problema o dificultad nos abre una puerta a nuevas percepciones.

ACCIÓN DIRIGIDA AL BIENESTAR:
REFLEXIONAR SOBRE DIFICULTADES

Elige una cuestión que te haya estado causando malestar, y reconoce su efecto sobre ti y tu vida. Pregúntate si tienes que librarte de algo; por ejemplo, un recuerdo, una reacción emocional, una relación, una expectativa, una decepción, una actitud, un juicio o una crítica, o incluso un sueño. Pregúntate si la situación realmente es aceptable pero necesita mejorar en ciertos aspectos. Permítete reflexionar durante todo el día sobre tu dificultad y también sobre estas preguntas y tus respuestas.

Si sientes que ha llegado el momento de poner fin a algo, comprueba si te parece «correcto» y luego comprométete a actuar de forma positiva el mes próximo durante las fases más apropiadas.

ACCIÓN DIRIGIDA A LA CONSECUCIÓN DE OBJETIVOS:
COMPROBAR TU PROGRESO

Analiza tus objetivos y plan de acción del mes pasado, o escribe la lista de deseos que has estado elaborando en tu cabeza. Las metas son simplemente lugares a los que queremos llegar, y durante el viaje hacia ellos solemos descubrir cosas nuevas que deseamos hacer o nuevos aspectos de nosotras mismas que nos apetece explorar. Reflexionar es simplemente comprobar tu progreso y si estás caminando en la dirección correcta.

Éste es el Momento óptimo para reflexionar sobre si deseas pasarte todo el mes próximo viajando hacia las metas que te has planteado. ¿Te entusiasma dedicar tiempo y esfuerzo el mes próximo para hacer realidad tu objetivo, o crees que ya no merece la pena? ¿Dónde radican tu entusiasmo y felicidad?

¿Tienes demasiados objetivos diferentes que diluyen tus energías? Elige o reafirma alguno de tus objetivos principales, por más alocado y fuera de tu alcance que te parezca.

ACCIÓN DIRIGIDA AL ASPECTO LABORAL:
TENER UNA «SENSACIÓN GENERAL»

Aprovecha este valioso Momento óptimo para revisar proyectos de trabajo, listas de tareas, estructuras y organigramas, o la agenda para el mes que viene. Recuerda que no estás intentando analizar nada; eso déjalo para la fase Dinámica. Solo estás procurando tener una «sensación general» de lo que sería más adecuado.

Tu intuición te marcará áreas que no están bien. Es posible que al principio no comprendas intelectualmente las razones que desatan tales sensaciones, pero tu subconsciente reconocerá patrones que tú estás evitando de forma consciente. Confía en tu intuición y dale tiempo durante los próximos días para que encuentre las razones. Surgirá una respuesta al «porqué», pero tendrás que esperar un poco hasta que tome forma.

Fase Reflexiva
Día 6

MOMENTO ÓPTIMO PARA:
PREPARARTE PARA LA FASE DINÁMICA

La fase Dinámica será nuestro Momento óptimo para aprovechar la inspiración, las ideas y el conocimiento interior que nos ha proporcionado tanto la fase Creativa como la Reflexiva y ponerlos en acción. Es nuestro Momento óptimo para hacer cosas y planificar, lo cual convierte este período en el punto de partida ideal para el nuevo mes.

Las energías y habilidades de la fase Reflexiva se transforman gradualmente en las propias de la fase Dinámica, y para sacar máximo provecho de estas nuevas energías debemos decidir dónde centraremos nuestras recientemente restablecidas y rejuvenecidas aptitudes y fuerzas.

A medida que dejamos atrás la hibernación de la fase Reflexiva, nuestras energías físicas comienzan a aumentar; de hecho, necesitamos dormir menos y tenemos más vigor. Mentalmente prestamos más atención al mundo exterior y nos sentimos renovadas gracias a que experimentamos una mayor claridad y entusiasmo por la dirección que hemos tomado y las acciones que queremos llevar a cabo.

Y ya que contamos con más memoria y poder de procesamiento, éste es nuestro Momento óptimo para aprender algo nuevo, probar nuevas experiencias, crear estructuras y planificar los pasos hacia nuestros sueños.

Ahora no solo contamos con la capacidad necesaria para entusiasmarnos frente a nuestra mayor amplitud de miras, sino que también podemos planificar los pequeños pasos que nos permitirán crear otra realidad. Nuestra seguridad personal también crecerá durante la fase Dinámica, y una vez más nos hará saber que somos capaces de hacer y conseguir todo lo que se nos ocurra. La fase Dinámica es una magnífica oportunidad para comenzar de cero, y gracias a la creatividad y la depuración de la fase Creativa y la reconsideración de la Reflexiva nos encontramos ahora en una posición óptima para avanzar en nuestro viaje hacia las metas y los sueños que nos hemos propuesto alcanzar.

ACCIÓN DIRIGIDA AL BIENESTAR: ESCOGER AVENTURAS

¿Qué podrías hacer la semana próxima que se convierta en una aventura divertida, nueva y estimulante, y cuáles de las aptitudes organizativas de la fase Dinámica podrías utilizar para hacerla realidad? Actúa con originalidad; piensa en algo que siempre hayas querido hacer, pero que hasta ahora has dejado pasar porque te ha faltado seguridad en ti misma. Si no puedes ponerlo en práctica este mes, comienza a organizarlo para el próximo.

Reflexiona también sobre lo que realmente quisieras hacer con toda esta nueva energía que estás recibiendo. Podrías comenzar una nueva dieta sana y un régimen de ejercicio físico, emprender un nuevo proyecto, iniciar un curso o aprender algo nuevo.

ACCIÓN DIRIGIDA A LA CONSECUCIÓN DE OBJETIVOS: APUNTAR A LO QUE PRETENDES CONSEGUIR

Comienza a pensar tanto en tus metas como en las acciones que tienes que llevar a cabo el mes que viene para hacerlas realidad. La fase Dinámica te aportará la energía y la claridad necesarias para preparar todos los detalles y crear así la estructura y el plan de trabajo que te permitirán alcanzarlas. Por esa razón es importante que tengas una idea clara de dónde y cómo deseas aplicar estas habilidades. Recurre a tu intuición de la fase Reflexiva para centrarte en tus máximas prioridades.

ACCIÓN DIRIGIDA AL ASPECTO LABORAL:
CENTRAR TUS ENERGÍAS

La fase Dinámica te regalará más claridad mental, buenas aptitudes para realizar varias tareas al mismo tiempo y la capacidad de centrarte durante períodos más prolongados. Éste es obviamente el momento de recuperar aquellas tareas que dejaste en suspenso durante la fase Reflexiva, así que podría resultarte muy útil escribir una lista de tareas y establecer sus prioridades.

Antes de entrar en acción reflexiona sobre aquellas áreas que, a tu parecer, requieren más organización y estructura, una dirección más eficaz o más información sobre un tema específico. Las habilidades analíticas de la fase Dinámica son ideales para resolver problemas e ir al detalle. Ten en cuenta que durante la fase Dinámica tenderás a dedicarte demasiado a los objetivos y el trabajo. Cuando entres en este período recuerda que a pesar de que puedes asumir y realizar mucho trabajo, es importante que no lo hagas a expensas del equilibrio de tu vida laboral y personal.

RESUMEN DE LA FASE REFLEXIVA

Para poder evaluar mejor tus experiencias durante la fase Reflexiva, responde el siguiente cuestionario.

1. ¿Cómo has experimentado la fase Reflexiva? Comparándola con la fase Creativa, ¿cómo te has sentido?

Emocionalmente	
Mentalmente	
Físicamente	

2. ¿En qué días del plan has notado que la información y las acciones concordaban con tus experiencias personales?
3. En comparación con la fase anterior, ¿qué habilidades has notado más exacerbadas o minimizadas durante ésta?
4. ¿Cómo has aplicado de forma práctica tus habilidades potenciadas durante este mes?
5. ¿Qué piensas hacer el mes próximo con las habilidades asociadas a los Momentos óptimos de la fase Reflexiva?
6. ¿Qué ha sido lo más sorprendente, intrigante o increíble que has descubierto sobre ti en esta fase?

PERSONALIZA EL PLAN

Si deseas que el Plan diario de la Mujer cíclica se ajuste a tu ciclo personal, personalízalo eligiendo acciones que concuerden con las habilidades asociadas a tus Momentos óptimos y apuntando todas ellas junto a la fecha del ciclo en la que las apliques. Recuerda que puedes repetir acciones individuales durante varios días.

Completa el gráfico que aparece a continuación y comprueba si puedes planificar algunas tareas para el mes próximo que te permitan sacar el máximo provecho de tus habilidades potenciadas.

Fase Dinámica		
Mi Momento óptimo para:		
Número de día del ciclo	Acciones asociadas al Momento óptimo	Tarea planificada para el próximo mes

Capítulo 10

EL PLAN YA ESTÁ LISTO.
Y AHORA, ¿QUÉ?

El Plan diario de la Mujer cíclica es un mapa que inicia un viaje de autoexploración y descubrimiento. Trabajar con el plan cambia nuestra visión de nosotras mismas, independientemente de las muchas o pocas acciones diarias que implementamos de forma activa en nuestra vida. En ocasiones el simple hecho de saber que existe una perspectiva diferente basta para alterar nuestra manera de ver las cosas. A veces, darnos permiso para actuar en concordancia con nuestro verdadero ser puede cambiar nuestra vida.

> «Cada ciclo es un verdadero descubrimiento. Me encanta. Y cuanta más consciencia tomo de ello, mayor es la intensidad con que lo vivo.»
>
> SOPHIA, doula y monitora de talleres, España

El plan nos ayuda a contemplar nuestros ciclos desde otra perspectiva, actuando como un recurso positivo de Momentos óptimos y habilidades que podemos aplicar a muchas áreas diferentes de nuestra vida.

Nuestra forma de enfocar las distintas fases de nuestro ciclo puede transformarse en una herramienta de entusiasmo y anhelo frente a la posibilidad de experimentar, explorar y aplicar estas habilidades potenciadas.

El plan nos ha guiado hasta el territorio de nuestros ciclos únicos, así que ahora necesitamos dar el siguiente paso y explorar y planificar este nuevo y atractivo paisaje. Para hacerlo necesitamos comprender la forma del paisaje, es decir, nuestros desafíos y oportunidades más definidos.

EL PASO DE LA CONCIENCIA LINEAL A LA CÍCLICA

A estas alturas ya cuentas con los resultados de los resúmenes de cada fase y has releído tu diario para marcar cada una de ellas e incluso las aptitudes propias de cada Momento óptimo que aprovecharás el mes próximo. El problema con los diarios es que representan un concepto temporal lineal, y al emplearlo para registrar nuestros ciclos y planificar nuestro tiempo fortalecemos la idea de que nuestros ciclos son simplemente una secuencia repetitiva más que una rotación.

Para reforzar la noción de que nuestra naturaleza y habilidades siguen un ciclo, podemos registrar tanto nuestro Momento óptimo como su grupo de habilidades potenciadas en una serie de esquemas circulares o Diagramas cíclicos similares a los que sugieren Penelope Shuttle y Peter Redgrove en *The Wise Wound*. La ventaja del Diagrama cíclico en relación con un diario normal y corriente es que permite comparar rápidamente dos o más meses y así descubrir con mayor facilidad los patrones que siguen nuestras habilidades y sus correspondientes Momentos óptimos.

CÓMO CREAR UN DIAGRAMA CÍCLICO

Un Diagrama cíclico es un diario circular que registra el ciclo menstrual. Para confeccionarlo simplemente debes trazar un círculo en una hoja de papel y subdividirlo a partir de sus radios en distintas secciones, cada una de las cuales representa un día. Debes incluir así mismo jornadas adicionales en blanco, en caso de que el ciclo mensual se prolongue más de lo esperado (véase figura 4). Si bien el diagrama de ejemplo se basa en un ciclo de 28 días, es posible que el tuyo sea más prolongado o breve.

A continuación procede a dividir el círculo en tres anillos concéntricos y usa el exterior para registrar el «número del día» del ciclo. El primer día de la menstruación es el «día 1», porque es el más fácil de identificar. Hemos comprobado en el plan que el verdadero comienzo físico, mental y emocional del ciclo tiene lugar cuando aumenta la energía al inicio de la fase Dinámica, es decir, alrededor del día 7.

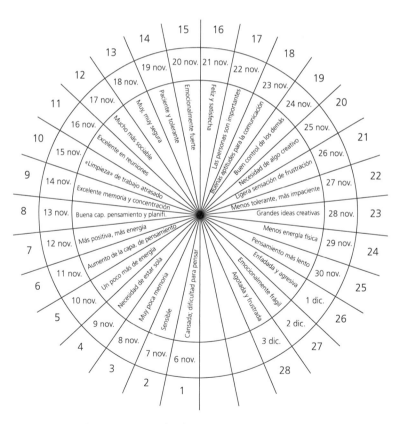

Figura 4. Ejemplo de un Diagrama completo

Puesto que la entrada en la fase Dinámica no siempre se produce en el mismo día, quizá te resulte más conveniente comenzar cada Diagrama cíclico el primer día de la menstruación, es decir, el día 1. **Recuerda, sin embargo, que este momento no marca el comienzo del nuevo ciclo energético, que se inicia al principio de la fase Dinámica.**

El anillo medio registra la fecha del calendario, una información que preferiblemente deberías escribir con antelación. Por último, el anillo interior registra algunas palabras clave sumamente descriptivas.

En el Apéndice 2 encontrarás un Diagrama cíclico que puedes copiar y ampliar para tu uso personal. También puedes descargártelo de www.optimizedwoman.com

Cómo crear un Diagrama general

El Diagrama general es el mapa que describe el paisaje de nuestro ciclo y nos ayuda a planificar el mes venidero a través de un resumen que podremos obtener con simplemente echarle un vistazo.

Para confeccionar un Diagrama general debes partir de la información sobre cada fase que has apuntado en la sección «Personaliza el plan» (en el resumen de cada fase), más el correspondiente número del día. Apunta esta información en un diagrama en blanco y deja vacía la fecha del calendario.

Si lo deseas, colorea los días en los que notas habilidades potenciadas específicas; de esta manera enfatizarás tus Momentos óptimos. Ahora cuentas con un Diagrama general que se convierte en una valiosa herramienta para planificar cada mes de forma anticipada.

Recuerda, no obstante, que para utilizar este diagrama debes comprender que los ciclos están sujetos a variaciones y que las influencias externas ejercen un gran impacto sobre ellos.

Notarás también que tus habilidades potenciadas varían ocasionalmente en su día de aparición, así que tienes que estar alerta a tus cambios en cuanto se producen, a fin de actuar en concordancia con ellos. Con estos datos en mente puedes utilizar el diagrama para planificar acciones que coincidan con tus Momentos óptimos del mes próximo.

CÓMO CREAR UN DIAGRAMA DE PLANIFICACIÓN

El Diagrama de planificación es posiblemente una de las herramientas más simples y poderosas que encontrarás para hacer realidad la vida, los resultados, la satisfacción y el bienestar que deseas.

Un Diagrama de planificación es simplemente una forma circular de planificar el mes venidero a partir de nuestros Momentos óptimos y sus aptitudes asociadas. Confecciona un diagrama en blanco para el mes próximo, incluyendo los números de los días de tu ciclo y las fechas del calendario. Luego, durante tu fase Dinámica y partiendo de tu lista de «tareas pendientes» y el Diagrama general, distribuye tus actividades en días particulares del diagrama.

A diferencia de lo que sucede con los diarios convencionales, que obligan a pasar por diferentes páginas para recabar información, el diagrama te permite ver de inmediato el plan de acción de todo el mes.

«Yo planifico mi mes según mi ciclo: programo los compromisos públicos alrededor de mi fecha de ovulación, que es mi momento más sociable. Y tareas como escribir, planificar y recopilar material quedan para la menstruación, que en mi caso es el período más introvertido del mes.»

DEANNA, oradora, educadora y preparadora, Estados Unidos

Crea tantos Diagramas de planificación como te apetezca. Puedes contar con algunos individuales para proyectos específicos u otros más generales para el trabajo, el autodesarrollo y la consecución de objetivos. Por ejemplo, en lo referente al trabajo puedes recurrir al Diagrama de planificación para:

— acciones específicas;
— días de relajación;
— días de recuperación;
— días creativos;
— reuniones y presentaciones;
— días de investigación y aprendizaje;
— días para establecer contactos;
— días para identificar problemas y pensar de forma imaginativa;
— días para comenzar, respaldar y revisar proyectos;
— plazos de entrega.

Cuando utilices tus ciclos para tu orientación personal puedes recurrir a un Diagrama de planificación y así organizar aquellas actividades que hayas destacado en tu plan de acción mensual. Utiliza el diagrama para:

— planificar un día de la fase Reflexiva como jornada de recapitulación,
— marcar un día en la fase Dinámica como jornada de planificación de acciones,
— programar acciones en concordancia con tus Momentos óptimos,
— planificar días para investigar y para establecer nuevos contactos.

También puedes aprovechar el Diagrama de planificación para

sacar el máximo provecho a tus Momentos óptimos y así mejorar tu vida personal y tu desarrollo. Aprovéchalo para organizar:

— compromisos sociales que coincidan con momentos enérgicos, extrovertidos y enriquecedores;
— regímenes de salud y ejercicio físico, teniendo en cuenta los momentos de baja energía y regulando las expectativas en consecuencia;
— momentos «para ti» destinados a la relajación, el enriquecimiento, la reflexión y el contacto contigo misma;
— un día para las cuentas personales, el pago de facturas y la reducción de la lista de «tareas pendientes»;
— nuevos proyectos: cualquier cosa, desde la decoración del hogar a tomar clases o iniciar un negocio;
— tiempo a solas para reflexionar, comprender cuestiones fundamentales y liberar emociones, miedos y ansiedades;
— la oportunidad y las herramientas para dar rienda suelta a tu creatividad y expresarte;
— tiempo para conversaciones y relaciones sinceras y para compartirlo en familia.

El Diagrama de planificación también te permite asegurarte de que estás satisfaciendo las necesidades mentales, emocionales y creativas de cada una de las cuatro fases al planificar actividades sustentadoras acordes a cada período. Repasa los capítulos 4 a 7 para buscar ideas y estrategias compatibles con el Diagrama de planificación, y lee los gráficos del capítulo 11, donde encontrarás un resumen de todas las habilidades y aptitudes.

Cuando cambiamos la forma de ver nuestra vida y nuestra propia persona, y organizamos nuestros días de forma activa y en concordancia con nuestros ciclos, conseguimos sentirnos fuertes y capaces de alcanzar nuestras metas, pero, sobre todo, aprendemos a aceptarnos y sentir amor y felicidad.

> Si planificamos una sola cosa durante un Momento óptimo y actuamos para hacerla realidad, los resultados obtenidos serán superiores, o nuestro desempeño alcanzará un nivel más elevado.

EL SIGUIENTE PASO

El plan está diseñado como punto de partida, así que el siguiente paso consiste en ahondar un poco más en los diversos cambios que podríamos experimentar a lo largo del mes. Es posible que hayas experimentado alteraciones que el plan no ha cubierto; en efecto, tal vez hayas detectado fluctuaciones en tus deseos sexuales o bien cambios en tus necesidades emocionales y de relación, espiritualidad, sueños y ansias de determinados alimentos.

El Apéndice 1 incluye gráficos que señalan algunas de las variaciones que puedes haber experimentado durante el mes. Algunas te resultarán familiares de inmediato, en tanto que otras te parecerán extrañas. No permitas que las listas te desalienten: no es necesario que registres todo, sino una gama variada de observaciones que puedan ayudarte a comprender mejor tus cambios.

Algunas mujeres prefieren llevar un diario y emplear términos «resumidos» en sus Diagramas cíclicos.

Si no te apetece mantener un registro o tu vida alcanza un ritmo demasiado frenético como para hacer más cosas, cuentas con una alternativa rápida que consiste en dar valores numéricos a tus observaciones; por ejemplo, si ha-

«(Día 23. Fase Creativa.) Muy cansada; necesito dormir más. Atención diversificada y mala concentración: 2 de 10 (¡me he quedado sin cerebro!).»

DÉBORA, asistente
de estilismo en una firma
de alta costura, Francia

blas de tu energía física puedes simplemente apuntar «4 de 10» en un día bajo.

Cuanto más comprendamos nuestros Momentos óptimos y sus habilidades potenciadas, mayores serán nuestras posibilidades de crearnos una vida que nos aporte felicidad y bienestar. El reto consiste en asumir y mostrar nuestra naturaleza cíclica en un mundo que no la apoya en absoluto. Es posible, pero exige un poco de planificación. Y, sin duda alguna, las recompensas superan las dificultades.

En mi caso, el hecho de comprender mi ciclo me permitió descubrir aptitudes que ignoraba poseer; y si he conseguido hacer buen uso de ellas fue porque, en lugar de intentar mantener la constancia y fracasar, supe entender que una semana al mes representaba una oportunidad de crecimiento para los días restantes.

¡QUIEN SE ARRIESGA GANA!

> **En lugar de intentar mantener la constancia y fracasar, el simple hecho de aprovechar una semana de aptitudes al mes se convierte en una oportunidad de éxito.**

El último paso de la fase «Y ahora, ¿qué?» consiste en preguntarnos cómo compartir la información sobre nuestros ciclos con los hombres que forman parte de nuestra vida.

En la época en que impartía conferencias sobre mi libro *Luna roja: los dones del ciclo menstrual*, me sorprendía y complacía encontrar un gran número de hombres entre la audiencia. Algunos eran terapeutas, pero la mayoría de ellos simplemente pretendían comprender a las mujeres que les rodeaban para aprender a llevarse mejor con ellas. El problema que se plantean casi todos los

262   LAS 4 FASES DE LA LUNA ROJA

> **Si las mujeres no comprenden quiénes son y cómo actúan,**
> **¿por qué esperar que los hombres sí lo comprendan?**

hombres es muy claro: si las mujeres no comprenden su propia forma de actuar, ¿cómo habríamos de entenderla nosotros?

La clave para cualquier relación es la comunicación, razón por la cual necesitamos comunicar, transmitir nuestras experiencias y conocimiento sobre nuestros Momentos óptimos.

Desde luego, en un entorno laboral resulta raro e inapropiado que hablemos con nuestros colegas (hombres) sobre nuestro ciclo menstrual. El tema encierra tabúes públicos y realmente la mujer tiene que ser fuerte para tolerar las bromas, los términos y comentarios peyorativos, el menosprecio, las generalizaciones exageradas y las asociaciones negativas que la cuestión trae aparejada. Sin embargo, podemos ayudar a los hombres a entender el cambio que sufren nuestras aptitudes durante el ciclo menstrual y animar a nuestros empleados a trabajar con nuestras fuerzas, simplemente empleando el término «Momento óptimo». Decir que esta semana o la siguiente serán «Momentos óptimos» para determinadas tareas transmite claramente a nuestros colegas qué deben esperar de nosotras. Y si les explicamos el significado de los Momentos óptimos o no dependerá de la relación que mantengamos con ellos.

Uno de los comentarios que más veces oí después de escribir *Luna roja* fue: «Ojalá mi marido leyera este libro». Si tienes un compañero interesado y dispuesto a leer un libro sobre el ciclo menstrual de principio a fin, entonces pásale la información. El marido de una amiga, que habitualmente viste ropa de cuero, se sentaba a leer *Luna roja* en el metro de Londres de camino al trabajo todas las mañanas, ¡así que te imaginarás cómo le miraban!

Lo que yo espero es que los hombres simplemente deseen un resumen que explique «qué esperar» y «qué hacer», respuestas que ofrezco aquí, en el capítulo 11. Mi marido siempre ha deseado saber en qué fase me encuentro, así que nos hemos comprometido a utilizar una serie de imanes de colores para la nevera. Obviamente, las mujeres no podemos ofrecer a nuestra pareja los criterios definitivos que quisieran oír ni fijar reglas sobre lo que lo que nos va bien y lo que no, de modo que es importante que compartamos nuestras experiencias con ellos y les brindemos pautas al respecto.

Compartir experiencias suele convertirse en un proceso de ida y vuelta; en efecto, también necesitamos escuchar lo que siente nuestro compañero sobre nuestra personalidad y comportamiento durante estas diferentes fases, y encontrar maneras de satisfacer nuestras necesidades y respaldar las suyas. Si lo pensamos bien, él vive básicamente con cuatro mujeres diferentes que se reparten un mismo cuerpo.

> **¡Los hombres viven con cuatro mujeres que se reparten un mismo cuerpo!**

Cuando incorporamos nuestros Momentos óptimos a nuestras relaciones con los hombres, creamos una situación en la que nadie pierde. Por esa razón, si indicamos a nuestros colegas de trabajo cuáles son nuestros Momentos óptimos para cada tarea, ellos comenzarán a adaptarse a esos períodos gracias a la gran creatividad, productividad y habilidad que demostraremos.

«Me sorprendió descubrir que mi pareja mostraba mucho interés en el tema [los Momentos óptimos]. Eso le ayudará a entenderme mejor. ¡Es la situación perfecta!»

WENDY, directora de *marketing*, Canadá

En nuestras relaciones personales, por otro lado, se nos da mejor expresar quiénes somos y qué necesitamos, lo cual permite a los hombres sentirse más seguros sobre cómo satisfacer esas necesidades sin miedo a interpretar mal las cosas o ser rechazados.

Resumen capítulo 10

- Trabajar sobre un diagrama circular o Diagrama cíclico nos permite comparar los meses con mayor facilidad.
- El Diagrama cíclico nos ayuda a tomar conciencia de que nuestra naturaleza no es lineal.
- Podemos crear un único diagrama como resumen general de las habilidades y aptitudes de nuestros Momentos óptimos y utilizarlo como herramienta para planificar las actividades del mes entrante.
- Cuando sacamos provecho de una aptitud o habilidad en su Momento óptimo, alcanzamos un nivel de productividad, intuición o excelencia al que de otra manera no tendríamos acceso.
- Las habilidades propias de cada Momento óptimo son realmente variadas, por lo que llevar un registro detallado de todas ellas nos ayuda a descubrir el gran potencial que nuestro ciclo nos ofrece.
- Contar con una aptitud determinada durante una semana no significa «ser inconstante»; en realidad se trata de una oportunidad de explorar, desarrollar y triunfar en áreas nuevas.
- Los hombres necesitan conocer nuestros Momentos óptimos para evitar tanto las falsas expectativas como las generalizaciones sobre nuestras aptitudes y habilidades.
- Utilizar el término «Momento óptimo» en el entorno laboral posibilita que los hombres comprendan el concepto, si bien en ese ámbito resulta inapropiado hablar directamente del ciclo menstrual.
- Tenemos que hablar con nuestra pareja sobre nuestras experiencias en relación con cada Momento óptimo y escuchar lo que él necesita al respecto.
- **Es necesario que informemos a nuestra pareja en qué fase nos encontramos.**

Capítulo 11

LO QUE LOS HOMBRES TIENEN QUE SABER

En primer lugar, ¡enhorabuena por empezar a leer este capítulo! Deduzco que tienes pareja femenina o que trabajas con mujeres. También deduzco que «alguien» te ha pasado este capítulo para que lo leas. No te preocupes; seré rápida y directa. En esta sección resumiré brevemente los principales puntos que tienes que conocer sobre cómo funcionamos las mujeres, y te haré algunas sugerencias sobre de qué manera sacar provecho a esta información. Si bien no será aplicable a todas las mujeres, te dará algunas pistas sobre lo que nos sucede a muchas.

POR QUÉ LAS MUJERES NO PIENSAN NI SE COMPORTAN COMO LOS HOMBRES

La mala noticia es que las mujeres no somos como los hombres, así que a vosotros os toca la tarea de buscar algunas estrategias para abordarnos. La clave para comprender a las mujeres es tomar conciencia de que no somos

> «¿Por qué razón las mujeres no pueden parecerse un poco a los hombres?»
>
> PROFESOR HIGGINS, en el musical «Mi bella dama»

constantes en nuestras habilidades, aptitudes y procesos de pensamiento de una semana a otra. Es probable que esto no te parezca una gran revelación; sin embargo, si entiendes que las mujeres somos constantes *mensualmente*, ya partes de cierto nivel de previsibilidad.

LA MUJER «CUATRO EN UNA»

Imagina que tienes cuatro mujeres diferentes, una a la semana todos los meses. Cada una de ellas muestra habilidades y formas de percibir el mundo que difieren ligeramente entre sí, por lo que tus expectativas en cuanto a ellas también deberán variar.

Si ahora imaginas que las cuatro se parecen mucho, ya sabes entender a las mujeres y su ciclo menstrual. ¡Cada mujer es al menos cuatro diferentes en una!

> **¡Cada mujer es al menos cuatro mujeres diferentes en una!**

Todos los meses las mujeres atravesamos cuatro fases en nuestro ciclo menstrual, lo cual nos permite acceder a diferentes aptitudes y habilidades.

Eso no significa que las mujeres seamos poco fiables o inconstantes, sino que tenemos acceso a un amplio abanico de habilidades y enfoques que se potencian todos los meses. Lo lamentable es que, a pesar de que disponemos de un poderoso abanico de aptitudes, éstas suelen quedar inutilizadas porque desde fuera parecen erráticas.

Vivir y trabajar con la mujer «cuatro en una» significa que el hombre tiene que cambiar sus expectativas sobre su manera de acercarse y trabajar con ella.

> «¡Nunca confíes en algo que sangra durante siete días y no muere!»
>
> SR. GARRISON, en la serie televisiva «South Park»

La buena noticia es que si «sintonizas» tu forma de abordar a una mujer con sus aptitudes potenciadas y su manera de pensar, no solo tendrás más posibilidades de ser bien recibido, sino que además te encontrarás con sorprendentes niveles de acción, compromiso, solución de problemas, creatividad, apoyo o comprensión como respuesta.

> **Si procuras «sintonizar» tu forma de abordar a una mujer con las aptitudes de sus Momentos óptimos y forma de pensar, es mucho más probable que recibas una respuesta positiva.**

¿QUÉ SON ENTONCES LOS MOMENTOS ÓPTIMOS?

Se trata de grupos de días al mes en que determinadas habilidades femeninas se potencian. Entre ellas figuran, por ejemplo, las de naturaleza mental, como la realización de varias tareas simultáneas, el análisis y el pensamiento estructurado y creativo; las emocionales, como la empatía, el establecimiento de contactos y el apoyo de equipo, y las de tipo físico, como el vigor, la fuerza y la coordinación.

El ciclo puede dividirse en cuatro Momentos óptimos, cada uno de los cuales dura aproximadamente una semana, si bien éste es un período estimativo que varía de una mujer a otra. A estos Momentos óptimos les he llamado fase Dinámica, fase Expresiva, fase Creativa y fase Reflexiva, y se corresponden con las fases preovulatoria, ovulatoria, premenstrual y menstrual del ciclo femenino.

LO QUE TIENES QUE SABER ACERCA DE LAS MUJERES

Para acercarte a una mujer en sus Momentos óptimos, evidentemente tienes que comprender lo que muchas experimentamos durante estos períodos. Y luego, si deseas sacar máximo provecho de sus habilidades y aptitudes potenciadas, también debes conocer en qué tipo de acciones y tareas destacará la mujer durante esas fases.

Por último —y tal vez esto sea lo más importante—, tienes que saber adaptar tu forma de relacionarte con ella según sus Momentos óptimos y aprender a adivinar en qué fase se encuentra.

**Gráfico 11.1 Momentos óptimos de la mujer
y sus correspondientes aptitudes**

Fase del ciclo	Aptitudes de su Momento óptimo
Fase Dinámica Aproximadamente días 7-13	Concentración, memoria, planificación, atención al detalle, pensamiento estructurado y lógico, atención dirigida a alcanzar objetivos, acción independiente y automotivación. Excelente vigor y fuerza físicos.
Fase Expresiva Aproximadamente días 14-20	Atención centrada en las personas, comunicación eficaz, empatía, juego en equipo, establecimiento de contactos, ventas, enseñanza, enfoque altruista, apoyo, producción, flexibilidad, fuerza emocional. Buen nivel de vigor y fuerza física, mental y emocional.
Fase Creativa Aproximadamente días 21-28	Análisis crítico, resolución de problemas, acción independiente, control, creatividad, intuición, motivación basada en el entusiasmo, atención dirigida al cambio y los problemas. Gradual disminución en la energía física y mental, e incremento de la sensibilidad emocional. Picos de gran creatividad y también de frustración.
Fase Reflexiva Aproximadamente días 1-6	Recapacitación imparcial, enfoque general, desapego de los resultados, relajación, perdón, importancia de las creencias básicas, reflexión creativa, comprensión intuitiva, atención a los sentimientos. Bajas energías mentales y físicas.

Recuerda que las mujeres podemos demostrar todas estas habilidades a lo largo del mes y que los Momentos óptimos son simplemente grupos de días en los que algunas aptitudes y habilidades particulares se potencian.

Gráfico 11.2 Acciones asociadas a los Momentos óptimos femeninos

Fase del ciclo	Acciones asociadas a los Momentos óptimos
Fase Dinámica Aproximadamente días 7-13	Buen momento para: • Tareas lógicas y resolución de problemas • Aprendizaje • Planificación • Redacción de informes detallados • Comprensión y estructuración de información compleja • Inicio de proyectos Mal momento para: • Informes resumidos o breves • Una actitud casual • Proyectos conjuntos • Una actitud empática
Fase Expresiva Aproximadamente días 14-20	Buen momento para: • Comprensión, solidaridad • Apoyo a personas y proyectos • Debate sobre sentimientos y problemas de relación • Proyectos conjuntos • Papeles de liderazgo • Creación de enfoques basados en las emociones • Construcción de relaciones Mal momento para: • Análisis y detalles técnicos

Gráfico 11.2 Acciones asociadas a los Momentos óptimos femeninos (*Continuación*)

Fase del ciclo	Acciones asociadas a los Momentos óptimos
Fase Expresiva Aproximadamente días 14-20	• Desapego emocional • Acción independiente • Motivación a través de resultados materiales
Fase Creativa Aproximadamente días 21-28	Buen momento para: • Análisis crítico • Identificación de problemas • Acción independiente • Aportes y soluciones creativas • «Limpieza» y clasificación • Reorganización • Focalización en los resultados • Fuerza impulsora • Control de situaciones o proyectos Mal momento para: • Conversaciones sinceras • Negociaciones • Inactividad • Trabajo detallado y preciso • Razonamiento lógico
Fase Reflexiva Aproximadamente días 1-6	Buen momento para: • Análisis de proyectos y relaciones • Concentración en principios básicos • Valoración de observaciones • Compromiso con las decisiones y con los cambios • Análisis de objetivos personales en la vida y dirección a seguir • Reflexión creativa • Revelación intuitiva

Gráfico 11.2 Acciones asociadas a los Momentos óptimos femeninos *(Continuación)*

Fase del ciclo	Acciones asociadas a los Momentos óptimos
Fase Reflexiva Aproximadamente días 1-6	Mal momento para: • Vigor físico • Aprendizaje y memoria • Concentración • Trabajo excesivo, horas extra • Motivación material

CÓMO CONSEGUIR LO MEJOR DE LAS MUJERES

Para conseguir lo mejor de una mujer tienes que:

• Coordinar sus tareas con sus Momentos óptimos.
• Modificar tu forma de comunicarte y acercarte a ella para que concuerde con sus habilidades y aptitudes.

Si recurres a la comunicación emocional para pedir algo a una mujer cuando ella se encuentra en su Momento óptimo para los detalles y la lógica, es posible que tu pedido sea rechazado, ignorado o incluso que le conceda la más baja de las prioridades. Si, por el contrario, alteras tu forma de abordarla y le ofreces razones estructuradas, no solo tienes muchas más oportunidades de que ella te incluya entre sus máximas prioridades, sino también de que te sorprenda con resultados detallados, productividad y plazos de ejecución que sin duda superarán tus expectativas.

272

Gráfico 11.3 Métodos para abordar a las mujeres durante sus Momentos óptimos

Fase del ciclo	Enfoques según los Momentos óptimos
Fase Dinámica Aproximadamente días 7-13	• Ofrecer nuevos proyectos • Aportar razones lógicas para lo que deseas, hacer que tu pedido o requerimiento parezca coincidir con sus objetivos • Procurar que ella considere que estás apoyando sus «causas», pero concederle espacio para que tome la iniciativa y trabaje sola • Reconocer su automotivación y aprovechar su atención a los detalles para planificar • Mantener una comunicación ajena al trabajo la semana próxima
Fase Expresiva Aproximadamente días 14-20	• Sugerir entablar nuevos contactos o socializar • Ofrecer proyectos que supongan cuidar o proteger, o trabajar en equipo por una meta conjunta • Legitimarla de forma positiva • Explicar las razones de tu pedido en términos altruistas u orientados a los demás, y solicitar lo que deseas de forma directa • Compartir tus sentimientos y emplear palabras emocionales cuando te comuniques
Fase Creativa Aproximadamente días 21-28	• Ser flexible y establecer la prioridad de las tareas • Ofrecer temas para ideas innovadoras • Motivar a través del entusiasmo y la creatividad, y utilizar un lenguaje poco exigente • Ofrecer apoyo o conceder la independencia que requiera • Alejar de ti sus aptitudes para el juicio crítico

Gráfico 11.3 Métodos para abordar a las mujeres durante sus Momentos óptimos *(Continuación)*

Fase del ciclo	Enfoques según los Momentos óptimos
Fase Creativa Aproximadamente días 21-28	• Comprender que sus «problemas» no tienen que ser resueltos de inmediato ni tampoco por ti, pero sí que es necesario actuar al respecto
Fase Reflexiva Aproximadamente días 1-6	• Aceptar que ésta es una semana de bajas energías y programar tareas que coincidan con sus renovadas energías durante la semana próxima • Presentar ideas o cambios para que ella los procese y se comprometa a hacerlos realidad • Preguntar qué es realmente importante para ella • Comprender que la intuición continúa allí, y que en un par de días saldrá a la luz • Conceder momentos «bajos» y espacio personal, y reducir la presión de conseguir resultados inmediatos

¿CÓMO PUEDE UN HOMBRE DISCERNIR EN QUÉ MOMENTO ÓPTIMO SE ENCUENTRA LA MUJER?

Ésta es una pregunta complicada de responder, porque muchas mujeres desconocen sus habilidades cíclicas y, por lo general, ignoran o suprimen los efectos de su ciclo para adaptarse a su trabajo y expectativas de vida. La clave, sin embargo, radica en la comunicación y la observación.

Un método simple consiste en probar diferentes enfoques a partir de las listas antes mencionadas. Es posible que tengas que pedir cuatro veces de cuatro maneras distintas, pero la táctica que consiga una respuesta positiva te dará un indicio del Momento óptimo.

Por ejemplo, si deseas un informe por escrito, una manera de conseguirlo sería proponerlo desde cuatro puntos de vista diferentes y ver qué idea recibe la mujer con seguridad y entusiasmo. Podrías plantearle distintas sugerencias y a partir de su enfoque deducir en qué fase se encuentra: que recopile y estructure una lista de observaciones e información detallada (fase Dinámica); que se decante por un enfoque dirigido a los demás (fase Expresiva); que se valga del informe para identificar problemas y soluciones creativas (fase Creativa) o que redacte un informe general centrado en los valores básicos de la empresa (fase Reflexiva).

Otra manera de identificar el Momento óptimo de una mujer es fijarse en el lenguaje que emplea y en las tareas que le entusiasman.

Si ha escrito una lista extensa y detallada de cosas que debes hacer, es muy probable que se encuentre en su fase Dinámica; si ha elaborado una extensa lista de cosas que están mal (tú incluido) y otra lista igualmente larga de cosas que deberías enmendar, ¡entonces casi seguro que se encuentra en su fase Creativa!

A pesar de que los niveles energéticos de las mujeres pueden parecer un buen indicador de los Momentos óptimos, por desgracia muchas recurren a una dosis superior de cafeína para anular la necesidad del organismo de «ir más despacio» durante las fases Creativa y Reflexiva.

Advertencia: si utilizas la información de este capítulo de un modo que pueda ser interpretado como generalizador, humillante o desdeñoso, ¡no te ganarás ni una respuesta positiva ni tampoco respeto! A las mujeres no nos gusta que el ciclo menstrual sea tomado a broma o como una razón o excusa definitiva para explicar el comportamiento femenino.

Las habilidades y energías descritas en este libro solo aspiran a actuar como pautas. Cada mujer experimenta su ciclo de manera única, y los factores externos también pueden repercutir en su manera de vivir sus Momentos óptimos. Por eso es fundamental que la comunicación sea «de ida y vuelta», en el sentido de que la mujer debe ofrecer al hombre la información que éste necesita para adaptar su enfoque y sus expectativas a los Momentos óptimos femeninos.

¿POR QUÉ TOMARSE ESTAS MOLESTIAS?

Los Momentos óptimos desempeñan un papel importante en la vida diaria de la mujer: en su trabajo, sus relaciones y su entorno familiar.

Por esa razón, cuando se nos ofrece un entorno en el cual expresarnos según nuestros Momentos óptimos, solemos notar que nuestro estrés se reduce y experimentamos una agradable sensación de satisfacción, seguridad, bienestar y felicidad. También crece nuestra capacidad de alcanzar más metas en la vida, triunfar en lo personal y satisfacer nuestros objetivos y sueños.

En el trabajo, las mujeres tenemos la capacidad de destacar por nuestra productividad y eficiencia, de crear equipos motivados y felices y de generar soluciones originales e ideas revolucionarias, además de encerrar el potencial de convertir empresas y organizaciones en líderes de sus correspondientes áreas de mercado.

Ya apliques tu conocimiento de los Momentos óptimos en el

> «Como orientador personal y empresarial profesional, comprendo muchos de los conceptos y observaciones que haces sobre cómo sacar máximo provecho de las "fases" femeninas durante el curso de cada mes. Tengo la fortuna de trabajar con muchas mujeres de negocios a las que, en mi opinión, les interesaría comprender este importante método en lugar de luchar contra él [...].»
>
> IAN DICKSON, orientador, Reino Unido, www.action-coaching.co.uk

trabajo, ya en el ámbito de las relaciones personales, habrás de ser flexible y tener presente siempre la noción de «mujer cuatro en una».

Hacer el esfuerzo de comprender los diferentes Momentos óptimos de las mujeres te aportará grandes recompensas en el campo de las relaciones, y si este mes te equivocas, ¡siempre cuentas con una segunda oportunidad el mes que viene!

APROVECHA LA FUERZA
DE LOS MOMENTOS ÓPTIMOS

Al realizar las tareas más apropiadas para nuestros Momentos óptimos aprovechamos una **oleada de excelencia** que nos permite demostrar nuestro máximo nivel de habilidad y destreza durante todo el mes.

Por ejemplo, en la medida de mis posibilidades, yo saqué partido de mis momentos más adecuados para escribir este libro.

En efecto, saqué partido de mis Momentos óptimos utilizando la fase Dinámica para corregir y planificar capítulos, la Expresiva para dar a conocer mis ideas, la Creativa para escribir y la Reflexiva para comprobar que lo que había escrito estuviera en concordancia con mis intenciones sobre el libro.

Aprovechar la fuerza de los Momentos óptimos no se limita únicamente a cada mujer de forma individual. Si trasladamos nuestro conocimiento sobre esos períodos particulares a nuestro entorno laboral, nuestras compañeras también podrán disfrutar de la información. Y al tomar conciencia de los ciclos de las demás, cada mujer contará con la ventaja de asignar tareas a quienes estén experimentando un Momento óptimo para ese trabajo específico.

Eso significa que en lugar de esperar un mes para que reaparezca una determinada habilidad en una mujer, es posible apoyar y mantener un proyecto de forma permanente a través de la combinación de habilidades potenciadas de las mujeres que participan en él. ¡Y eso es aprovechar la fuerza de los Momentos óptimos!

Desde luego, es una excelente noticia para las mujeres, porque las ayuda tanto a destacar en lo que están haciendo como a expresar todos los aspectos de sus ciclos. Así mismo sienten menos estrés en el trabajo y más satisfechas con lo que hacen.

Pero también las empresas y organizaciones obtienen grandes recompensas, porque se benefician directamente de las aptitudes potenciadas, mayor productividad y eficiencia y la poderosa perspicacia de sus empleadas. No hay que olvidar que un equipo más feliz y menos estresado crea un entorno mucho más productivo.

El impacto del concepto de los Momentos óptimos y su aprovechamiento podría llegar a afectar y cambiar muchos aspectos de la sociedad, incluidas la educación y la capacitación femenina, la terapia, la evaluación de aptitudes y aspectos médicos, la orientación personal y empresarial, las expectativas y la práctica laboral.

«Mi hermana y yo hemos creado una empresa que dirigimos entre las dos. Desde que escuchamos la conferencia de Miranda sobre los "Momentos óptimos" hemos empezado a incorporar estos conceptos a nuestra estructura comercial. Cuando nos reunimos para analizar proyectos futuros e incluso para planificar tareas mundanas que hay que terminar, comprobamos en qué fase se encuentra cada una y nos asignamos las tareas en consecuencia. Este sistema no solo mejora nuestra eficiencia comercial general, sino que además nos resulta agradable poder explicar: "Esa tarea no encaja con la fase del ciclo en la que me encuentro; ¿te importaría ocuparte tú?". ¡Es realmente fabuloso!»

AMY SEDGWICK, terapeuta ocupacional profesional, Red Tent Sisters, Canadá

UN ENFOQUE FEMENINO ÚNICO

La «optimización» de nuestra vida es el primer paso hacia una nueva manera de vernos a nosotras mismas, de valorar nuestras habilidades y forma de interactuar con el mundo, y también de interpretar nuestra forma de conseguir triunfos, excelencia, satisfacción y felicidad. Nos ofrece una imagen positiva y enriquecedora derivada de un enfoque femenino único, que si es aplicado en la vida cotidiana nos muestra que de verdad merece la pena probarlo tanto desde el punto de vista personal como comercial.

> «Cada vez noto más que me dejo llevar por una especie de oleada poderosa: por un lado hay cosas que puedo hacer para planificar por anticipado y así mantener una cierta armonía con lo que está por venir, pero también observo un elemento espontáneo de rendición.»
>
> SOPHIA, doula y monitora de talleres, España

Vivir «en nuestros ciclos» requiere valor, porque significa ver desde otra perspectiva nuestra forma de vivir, trabajar e interpretarnos a nosotras mismas. Pero si quedamos contenidas en un marco lineal jamás podremos desarrollar nuestro máximo potencial. Por eso, solo si estamos dispuestas a salirnos de la «norma», a cambiar lo lineal por lo cíclico, comenzaremos a descubrir beneficios en todos los aspectos de nuestra vida.

Desde luego que habrá momentos en los que sentiremos que nuestras emociones, síntomas físicos y estados mentales nos abruman, y cualquier pensamiento sobre un aspecto positivo del ciclo nos parecerá una fantasía. Todas experimentamos meses como ésos, pero nuestra perspectiva cambiará según las fases que estemos atravesando, y contaremos con la oportunidad, mes a mes, de descubrir y cambiar la base de nuestros pensamientos. Nuestros ciclos forman parte de nosotras y a ellos debemos regresar.

Reconocer y respetar nuestros ciclos se convierte en una forma de vivir. Cada ciclo ofrece oportunidades estimulantes para crecer y desarrollarnos, sanar y ser fieles a nosotras mismas, destacar y manifestar cuál es la vida que deseamos. Al trabajar con nuestros ciclos disponemos de mayor poder y opciones en cuanto al desarrollo de nuestra vida.

El otro día escuché un delicioso comentario en la radio. Un hombre contaba que su madre había sido «una mujer como el mar: siempre cambiante pero siempre la misma». Por desgracia, muy pocas mujeres tienen esta sorprendente percepción de sí mismas.

Apéndice 1

CÓMO CREAR UN DIAGRAMA CÍCLICO DETALLADO

El Plan diario de la Mujer cíclica está diseñado como una introducción a los Momentos óptimos y la naturaleza cíclica femenina. La variedad de cambios que pueden ocurrir durante el ciclo mensual, sin embargo, es mucho más diversa de la que cubre el plan.

A continuación encontrarás una serie de gráficos que listan solo algunos de los cambios que experimentan las mujeres durante sus ciclos menstruales. Analízalos y marca aquellos que reconoces en tus propios ciclos.

De más está decir que lleva muchísimo tiempo registrar todas estas variaciones mes a mes, así que opta por apuntar aquellas que más impacten en tu vida, ya las percibas como positivas o negativas. Céntrate en crear un Diagrama cíclico para esos cambios que has identificado.

Al final del mes repasa tu diagrama y piensa algunas formas prácticas y positivas de aplicar tus experiencias. Comprueba si puedes encontrar maneras de ofrecerte apoyo real el mes próximo.

Puedes fotocopiar y agrandar el Diagrama cíclico en blanco que aparece en el Apéndice 2, o bien bajártelo de: www.optimizedwoman.com para tu uso personal.

Gráfico 1. Experiencias mentales

Atención al detalle	Nivel de concentración	Facilidad para aprender algo nuevo
Ambición	Metas	Pensamiento positivo/negativo
Procesos de pensamiento caóticos/lógicos	Habilidad para planificar	Habilidad para articular, expresar ideas y comunicarlas bien
Habilidad para centrarse	Pensamiento táctico	Habilidad para asumir numerosas tareas, conceptos y presiones
Habilidad para comprender información compleja	Pensamiento generalizado	Habilidad para tomar las decisiones / para hacer elecciones «correctas»
Habilidad para «soñar despierta»	Actitud crítica	Actitud sentenciosa
Necesidad de estructura	Flexibilidad	Pensamientos y preocupaciones excesivos
Necesidad de detalles	Necesidad de comprender	Habilidad para resolver problemas
Inspiración	Claridad mental	Habilidad para visualizar
Necesidad de control	Buena memoria	Actuación dirigida al ego / a otras personas
Necesidad de nuevos proyectos	Compromiso	Necesidad de proyectos creativos
Aburrimiento, necesidad de nuevas experiencias y cambio	Tolerancia	Paciencia
Capacidad de relajación	Habilidad para sosegar la mente y meditar	Confianza en una misma, firmeza
Necesidad de atención y validación	Reacción frente al estrés	Reacciones frente a personas sociables/ antisociales

Gráfico 2. Experiencias físicas

Niveles de energía	Necesidad de sueño	Necesidad de acción física
Vitalidad, coordinación y conciencia espacial	Vigor, flexibilidad	Fuerza, habilidad para reducir el ritmo y relajarse
Necesidad de experiencias sensuales	Impulso sexual bajo o alto	Necesidad de placer
Impulso sexual erótico	Forma de moverse y caminar	Necesidad de contacto físico y consuelo
Reacción de los demás ante el propio aspecto físico	Necesidad de actividades físicas creativas	Cambios en la dieta
Ansias y adicciones	Cambios físicos; por ejemplo, peso, retención de líquidos, forma de las mamas	Umbrales de dolor
Cambios en los sentidos; por ejemplo, la vista, el oído, el olfato	Sensación de espacio personal	Sensación de frío o de calor

Gráfico 3. Emociones y sentimientos

Entusiasmo	Ansiedad	Paranoia
Seguridad emocional y compromiso	Miedo	Sensación de ser cariñosa, altruista y abierta
Sensación de «pertenencia»	Sensación de triunfo	Sensación de seguridad y poder
Pasión	Angustia	Compasión
Empatía	Ira y agresión	Sensación de ser una víctima
Felicidad	Paz	Satisfacción
Poder personal	Optimismo/pesimismo	Seguridad personal
Actitud sustentadora	Necesidad emocional de un cambio	Sensibilidad emocional/ templanza

Gráfico 3. Emociones y sentimientos. *(Continuación)*

Conexión con otras personas	Necesidad de apoyo y consuelo emocional	Necesidad de seguir adelante
Tipos de hombre que te atraen	Cosas que necesitas para ser feliz	Perdón
Placer de dar	Placer de recibir ayuda	Ser feliz por recibir información
Cambios emocionales repentinos	Bienestar, plenitud y felicidad	Emocionalmente reactiva
Necesidad de llevar la razón o de sentir que tus opiniones tienen validez	Necesidad de ayudar a los demás a desarrollar su autoestima	Necesidad de la opinión favorable de otras personas para desarrollar tu autoestima
Sexo exigente o dependiente	Reacción ante las críticas	Independencia/ codependencia
Amor cariñoso/ amor desapasionado		

Gráfico 4. Espiritualidad e intuición

Intuición	Espiritualidad	Espontaneidad
Paz interior	Conocimiento interior	Confianza en ti misma
Necesidad de apoyo y experiencia religiosa	Necesidad de propósito espiritual en metas y en la vida	Sueños: positivos, negativos, sexuales, predictivos, de elaboración, espirituales
Sexualidad espiritual	Descubrimientos	Aptitudes psíquicas
Momentos «eureka»		

Apéndice 2

INFORMACIÓN ADICIONAL

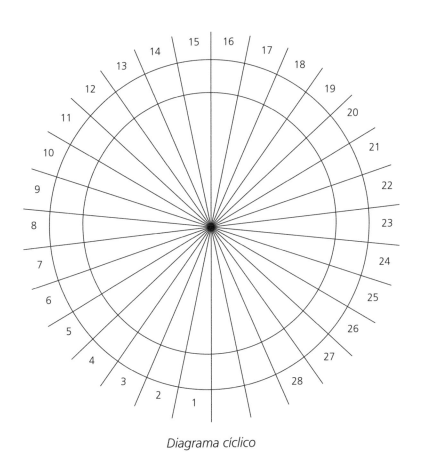

Diagrama cíclico

TALLERES

Reino Unido
Miranda Gray reside en Hampshire, Inglaterra, y dirige talleres e imparte conferencias sobre «Los Momentos óptimos de la mujer» (The Optimized Woman) en todo el mundo. Miranda también dirige un curso de orientación personal online para mujeres, basado en el ciclo menstrual. Si necesitas más información, visita la web:
www.optimizedwoman.com.
Email: enquiries@optimizedwoman.com

España
Sophia Style dirige talleres en España en los que enseña a las mujeres a conectar de manera práctica e inspiradora con la sabiduría de su ciclo menstrual. Reside en Girona, Cataluña.
www.mujerciclica.com

De la misma autora

Luna roja
Emplea los dones creativos, sexuales y espirituales del ciclo menstrual

Miranda Gray

Luna roja ofrece a la mujer moderna una profunda y clarificadora visión de su naturaleza cíclica y de los dones y posibilidades que encierra el ciclo menstrual.

Estamos ante una obra desmitificadora, una auténtica «guía de ritmos femeninos» que enseña a valorar la realidad femenina y las posibilidades que esta encierra.

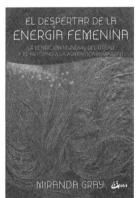

El despertar de la energía femenina
La bendición mundial del útero y el retorno a la auténtica feminidad

Miranda Gray

En esta obra la autora invita a las mujeres de todo el mundo a sintonizar con el poder creador y sanador de la energía femenina y recuperar así la plenitud.

Mensajes Espirituales para Mujeres
Sabiduría femenina para el ciclo menstrual

Miranda Gray

Reúne aquí una sabia colección de mensajes organizados en cuatro niveles de conciencia, relacionados cada uno de ellos a las cuatro fases del ciclo menstrual. Los mensajes están diseñados como inspiraciones diarias para apoyar y sostener día a día tu conexión espiritual femenina.

Acepta, comprende y cultiva con armonía las diversas expresiones de tu Divinidad interior.